Nos cœurs tordus

Séverine Vidal et Manu Causse

Nos cœurs tordus

Texte abrégé et simplifié
par la rédaction,
annoté par Laure Boivin

Ernst Klett Sprachen
Stuttgart

1. Auflage 1 6 5 4 3 2 | 2024 23 22 21

Alle Drucke dieser Auflage sind unverändert und können im Unterricht nebeneinander verwendet werden.
Die letzte Zahl bezeichnet das Jahr des Druckes.
www.klett-sprachen.de

Worterklärungen von: Laure Boivin

Redaktion: Edith Michaelsen
Layoutkonzeption: Andreas Drabarek
Gestaltung und Satz: Satzkasten, Stuttgart
Umschlaggestaltung: Andreas Drabarek
Titelbild: Shutterstock (viphotos), New York; Shutterstock (Muamu), New York; Shutterstock (BelleMedia), New York; Shutterstock (goir), New York
Druck und Bindung: Salzland Druck, Staßfurt

Printed in Germany
ISBN 978-3-12-592147-4

9 783125 921474

Table des matières

Introduction

Les auteurs

Séverine Vidal est née en 1969 et vit en Gironde. Elle a été enseignante puis elle est devenue auteure de romans (par exemple *Pëppo*), d'albums et de scénarios de bande dessinée pour la jeunesse et les adultes. Par ailleurs, elle anime des ateliers d'écriture dans des écoles et des centres sociaux.

Manu Causse est né en 1972 et vit à Toulouse. Comme Séverine Vidal, il a d'abord enseigné avant de devenir auteur de nouvelles, d'albums, de pièces de théâtre et de romans tels que *Le pire concert de l'histoire du rock*.

Le roman

Mathilde, Vlad et Dylan ne sont pas des élèves tout à fait comme les autres.... du moins, en apparence, car ils ont chacun un handicap : Mathilde est paraplégique (elle ne peut pas bouger ses jambes) ; Vlad a de gros problèmes à contrôler ses mouvements ; Dylan est trisomique. Ils font leur rentrée dans leur nouveau collège où ils font partie de l'ULIS, une unité localisée d'inclusion scolaire. Suivez-les durant une année scolaire marquée par des histoires d'amitié et d'amour mais aussi par un projet qui va peut-être les mener à New-York.

Comment préparer ta lecture ?

- Lis les conseils pages 9 et 10 pour comprendre plus facilement le vocabulaire.
- Quand tu as lu un chapitre, résume les informations importantes de l'histoire dans un carnet de lecture en te posant les questions suivantes :
  - Qui ?
  - Quand ?
  - Quelles actions ?
  - Pourquoi ?
- Note également des mots-clés qui te semblent importants dans chaque chapitre.

Voici un tableau que tu peux recopier en grand format et compléter dans ton carnet de lecture :

Partie	Chapitre	Résumé	Mots-clés
Septembre	Vlad		
	Dylan		
	Flachard		
......	......	......	......

Attention : L'un des personnages, Dylan, ne maîtrise pas très bien la langue française.

Pour comprendre le vocabulaire

En bas de page (*am Seitenende*), tu vas trouver des explications de mots difficiles à comprendre. Mais il y a aussi beaucoup de mots que tu peux comprendre sans regarder dans le dictionnaire : il y a des méthodes simples pour retrouver leur sens.

1. La famille du mot

Il y a beaucoup de mots qui sont cousins avec des mots que tu connais déjà. Ils sont de la même famille, ils ont les mêmes « racines » (Wurzel).

Par exemple :

- **se planter** (p. 14)

Tu connais le mot « plante » (= eine Pflanze).

Le mot « **se** » et la terminaison « **-er** » indiquent un verbe du 1er groupe.

« se planter » veut dire ici « sich (auf)pflanzen », « sich stellen ».

- **machinalement** (p. 18)

Tu connais le mot « machine » (= eine Maschine).

La terminaison « **-al** » indique un adjectif : « machinal » veut dire « mechanisch » *(Adj.)*.

La terminaison « **-ment** » indique un adverbe : « machinalement » veut dire « mechanisch » *(Adv.)*.

- **enfermé** (p. 20)

Tu connais le mot « fermé » (= geschlossen).

Le préfixe « **en-** », comme en allemand le préfixe « **ein-** », indique la direction de « l'intérieur ».

« être enfermé » = « eingeschlossen sein/werden »

2. Mots identiques (ou presque) en anglais et en allemand

Parfois, tu vas reconnaître un mot parce qu'il est presque identique ou identique à sa traduction allemande ou anglaise.

Par exemple, le mot français « glu » (p. 54) est presque identique en anglais « glue » pour parler de la « colle » (« Leim », « Klebstoff »).

Voici un autre exemple :
« Flachard […] rajuste sa cravate » (p. 20).
Tu reconnais le mot « rajuste » qui est proche du mot allemand « justieren » et le mot « cravate », qui est voisin du mot allemand « Kravatte ».

3. Le contexte

Enfin, pour deviner le sens d'un mot, fais attention à son contexte, cherche le thème de la phrase et du paragraphe, cela va sûrement t'aider !

Nos cœurs tordus

SEPTEMBRE

VLAD

Le jour de la rentrée, c'est un truc important. Ça a toujours été un moment que j'aime bien. Petit, je choisissais mes fringues la veille. J'aimais choisir aussi la bonne trousse, la bonne gomme, le bon cahier de textes. Le matin de la rentrée, j'étais lavé, habillé, cartablé à 7 h 30.

– Je suis prêt, Maman, on y va ? Faut pas être en retard.

J'y croyais fort, à chaque fois.

À cause du boulot de mon père, on déménageait souvent. L'idée, c'était de se trouver vite de nouveaux potes. Se faire accepter, être drôle, malin. Compenser.

En général, je déchantais dès le premier soir. L'année serait longue.

Aujourd'hui, à nouveau, j'y crois.

J'ai choisi le bon look, la bonne coupe, la bonne Monique. Parce qu'il faut toujours une Monique pour commencer une année, non ?

Je descends lentement les escaliers. Maman est déjà devant son café.

Elle a encore plus le trac que moi. Je le sais bien.

Alors, j'arrive tout souriant et je me plante là.

Maman me couve de son petit regard approbateur, comme toujours. Ma plus grande fan.

Elle voit mon jean tout propre, mes cheveux en vrac mais pas trop, mon T-shirt le plus classe. Son Vlad à elle.

---

3 les fringues *fpl fam* les vêtements | 4 une trousse Mäppchen | 10 un pote *fam* un copain | 12 déchanter seine Illusionen aufgeben | 15 une Monique *ce mot est expliqué plus loin dans le roman* | 20 avoir le trac *fam* avoir peur | 22 couvrir d'un regard regarder | 22 approbateur, -trice beifällig

Et comme chaque matin, elle ne voit pas les genoux cagneux, les hanches en vrille, le dos en virage et les doigts crochus. C'est ça, l'amour d'une mère. Ça me tient debout.

– Je suis prêt. On y va ?

1 cagneux, -euse nach innen gerichtet | 2 en vrille *fam ici :* etwas verdreht | 2 en virage ≠ droit (un virage Kurve)

DYLAN*

L'école est très grosse. Il y a beaucoup des élèves.

J'ai peur un peu. Alors je dis à Claire *Elle est grosse l'école.*

Comme je lui dis beaucoup, elle me dit que je me calme. Elle me dit que je peux faire un dessin. J'aime pas faire un dessin quand les gens me voient. Mais j'ai envie d'être calme, alors je dis oui. Claire donne une feuille.

J'ai pas de crayon de couleur alors je dis qu'elle me donne. Elle dit que je peux le prendre tout seul, maintenant je suis en sixième. La sixième, c'est pas quand on est six, comme l'année dernière. La sixième, c'est quand on est beaucoup – il y a beaucoup* des élèves que je connais pas.

Je les dessine. Les élèves et l'école avec toutes les fenêtres et les couloirs. J'ai peur de me perdre, même si Claire est là. C'est compliqué tous ces couloirs.

Souvent c'est compliqué pour moi à cause de mon handicap, je grandis pas comme les autres. Maman elle aime pas quand on dit *trisomie* et surtout pas *mongolien* qui est un gros mot, elle dit que je grandis pas comme les autres. Elle dit aussi que l'ULIS c'est pour être comme les autres et grandir.

J'ai pas très envie de grandir ce matin. Je préférais l'ancienne école. À celle-là il paraît qu'il y a beaucoup de devoirs.

Je dessine et je dessine encore. Je suis agité de dedans et j'ai envie de crier mais je vois un grand qui s'approche. Il est tordu avec une canne et ses mains tremblent comme quand on a froid. Alors je rigole et je le montre à Claire pour qu'elle rigole aussi.

– Arrête, Dylan, dit Claire. On ne montre pas du doigt. Tu vois ce grand garçon ? Il est à l'ULIS, comme toi.

---

* Note de la rédaction : En raison de son handicap, Dylan ne maîtrise pas très bien la langue française.

2 crochu, e verkrümmt | 24 tordu, e krumm | 25 une canne Stock

ULIS c'est le nom de la classe de l'école, c'est joli comme nom. Le grand tordu il vient près de moi. Il me demande pas pourquoi je rigole, en quelle classe je suis. Il dit pas que j'ai de gros yeux ni rien de méchant. Il dit juste :

– Salut, mec, moi c'est Vlad. T'as fait quoi, pour te retrouver ici ?

Je décide que j'ai déjà un copain dans cette grosse école.

FLACHARD

On étouffe un peu dans ce bureau.

Il desserre sa cravate – ça va, il n'attend personne, il n'a plus de rendez-vous ce matin. Il referme le dossier ouvert devant lui, se lève et va à la fenêtre.

La fenêtre donne sur la cour. Quatre cent vingt mètres carrés environ, vingt mètres par vingt, il le calcule machinalement, réflexe d'ancien prof de maths. Il adorait la géométrie.

Une belle surface plane, presque parfaite. Enfin, elle serait parfaite sans les silhouettes qui l'occupent. Qui se déplacent dans tous les sens, au mépris de la prudence, des trajectoires logiques, du règlement.

Il soupire et repense à ce qu'a dit le docteur.

–Vous êtes jeune et plutôt en bonne santé dans l'ensemble, mais votre tension m'inquiète. Vous faites un métier stressant ?

Quand il lui a répondu, le médecin a fait la grimace.

– Je comprends... vous devriez vous mettre au sport. Ou même à la marche ou à la méditation. Mais si vous continuez comme ça...

Comme s'il avait le choix ! C'est bien beau, les balades en forêt mais il faut bien que *quelqu'un* s'occupe de tout. Établir les emplois du temps, interpréter les instructions officielles, gérer le fonctionnement quotidien et réagir aux imprévus.

Sans parler de l'ULIS.

Le simple fait de penser à ce sigle lui arrache un petit gémissement. Il scrute les recoins de la cour et repère bientôt un petit groupe hétéroclite – des adultes et des élèves, mais des élèves qui ne courent pas, ne se bousculent pas, qui ne sont pas non plus

---

2 étouffer ersticken | 11 au mépris de qc contrairement à qc | 11 la prudence Vorsicht | 13 soupirer seufzen | 15 la tension (artérielle) Blutdruck | 23 un imprévu un événement inattendu | 25 un sigle Kürzel | 26 un gémissement Stöhnen | 26 scruter observer, regarder | 27 hétéroclite bunt zusammengewürfelt | 28 se bousculer sich drängeln

assis par terre à jouer avec leur portable. Des élèves qui, qu'on le veuille ou non, ne ressemblent pas aux autres.

Avec un soupir exaspéré, il va se rasseoir à son bureau.

Qu'on le comprenne : il n'a rien contre les handicapés. Ce n'est pas leur faute.

Mais enfin, ce n'est pas sa faute à lui non plus, François Flachard, principal adjoint.

Il n'a rien demandé. C'est le chef d'établissement qui a insisté l'année dernière pour demander l'ouverture d'une ULIS, une Unité Localisée pour l'Inclusion Scolaire, dans le collège. Une très belle idée selon lui : ouvrir le savoir à des personnes qui n'y ont pas accès d'habitude, favoriser l'insertion de ces jeunes, changer le regard des autres…

Seulement voilà : la gestion de tout ça, c'est à lui, Flachard, de se la taper. D'autant plus que le principal a eu la bonne idée de tomber malade deux semaines avant la rentrée.

Flachard ramasse la feuille sur son bureau, survole à nouveau le discours d'accueil qu'il a préparé. Il sait bien qu'il ne peut pas dire ce qu'il pense : « Que tout le monde fasse son travail, dans le calme ! Que je puisse faire le mien » – et qu'on attend de lui quelques belles formules pour saluer l'arrivée des nouveaux, et de l'ULIS en particulier.

Devant lui, les dossiers s'empilent. Il déteste toute cette paperasse, tout le travail qui l'attend. Il sait qu'il est déjà en retard… n'empêche.

Il ouvre son tiroir, en sort une tablette. Se connecte. Sur l'écran, une femme apparaît. Elle porte un uniforme orange.

---

1 **par terre** *f* auf dem Boden | 3 **exaspéré, e** énervé | 7 **un, une principal, e adjoint, e** stellvertretende(r) Schulrektor(in) | 12 **l'insertion** *f* l'intégration | 15 **se taper qc** *fam* sich etw aufhalsen | 15 **d'autant plus que** zumal | 17 **survoler** überfliegen | 23 **s'empiler** sich stapeln | 24 **la paperasse** Papierkram | 25 **n'empêche** *fam* aber trotzdem | 26 **un tiroir** Schublade

C'est sa drogue à lui, Flachard – les séries américaines. Il les avale à la file, tous les soirs chez lui et, quand il est angoissé, par petits bouts de cinq minutes dans son bureau. Là, il regarde les aventures d'une jeune femme enfermée en prison.

On frappe à la porte. Il sursaute, range la tablette à toute vitesse dans le tiroir. C'est Madame Faron, la secrétaire.

– Monsieur Flachard ? Ça va être l'heure de la réunion.

Flachard se relève, rajuste sa cravate. Il a un peu mal au ventre. Ça lui fait ça à chaque rentrée. Depuis toujours. Parfois, il se demande pourquoi il a choisi ce métier.

Il souffle un bon coup et ouvre la porte.

---

2 **avaler** *ici :* verschlingen | 2 **angoissé, e** verängstigt | 3 **un bout** *ici :* Stück, Abschnitt | 11 **souffler un bon coup** *ici :* durchatmen

VLAD

Le principal adjoint a dit les mots de trop.

J'ai tenté de me raisonner : « Bouge pas Vlad, reste gentiment à ta place. T'es nouveau au collège, ne te fais pas remarquer. » Et puis, non, je me suis levé et j'ai dit ce que je pensais, bien haut, bien fort.

Ça aurait pu être une belle scène de film, tous les élèves qui m'applaudissent debout sur les chaises de la cantine.

À la place, je propose un autre scénario digne des meilleurs films d'action.

Ma petite tirade énervée, mon départ sous les yeux de tous les élèves du collège, et enfin ma chute, mon corps qui tombe. J'ai perdu l'équilibre, juste avant de sortir de la cantine et je suis tombé, là, devant toutes les classes de troisième.

Ensuite, il y a eu des « Oh, le pauvre… », « La honte, franchement… », « C'est un des élèves de l'Unité ? », des mains anonymes qui m'aident à me relever, un « Ça va aller ? » et une tape dans le dos, qui devait vouloir dire : « T'en fais pas, mec » mais que j'ai plutôt pris comme un « Vas-y, dégage maintenant, t'es assez ridicule comme ça ! »

Maintenant, je suis dans le couloir, je ferme les yeux. J'ai un peu de temps devant moi pour décider de mon avenir.

Plan A : je fuis. Je peux être chez moi dans dix minutes. Ça veut dire être devant une bonne grosse tartine de Nutella dans onze minutes, l'avoir avalée dans douze et m'en faire une deuxième dans treize. Et essayer de convaincre Maman de me changer de collège.

Plan B : j'assume.

---

3 tenter essayer | **9 digne de…** genauso gut wie | **11 une tirade** un monologue | **12 une chute** Fall, Sturz | **13 perdre l'équilibre** *m* aus dem Gleichgewicht kommen | **16 franchement !** mal ehrlich! | **18 ne pas s'en faire** *fam* sich keine Sorgen machen | **19 dégage !** *péj* hau ab! | **20 ridicule** lächerlich | **23 fuir** flüchten | **26 convaincre qn** jdn überreden | **27 assumer** dazu stehen

Il me faudrait un plan C.

Je m'assois par terre, comme je peux.

– Salut, tu partages ton mur ? Je peux m'asseoir ?

Je rouvre les yeux.

Elle n'attend pas ma réponse, elle est assise juste à côté de moi.

– Lou.

– Vlad.

– Je suis en retard pour la grand-messe de début d'année de Flachard.

Bonne nouvelle. Elle était pas là, elle vient d'arriver. Elle m'a donc pas vu m'énerver, ni tomber par terre comme un guano de mouette.

– T'as rien loupé, Lou. J'ai failli mourir d'ennui. Je viens de sortir.

Lou regarde mon coude.

– Dans la douleur ?

– Oui. Mon coude a mal. Entre autres.

Elle prend un Kleenex (propre) et essuie un peu du sang qui coule le long de mon bras.

– T'es nouveau ici ?

– Oui, mais je vais pas rester. Je pense qu'à l'heure qu'il est, Flachard a déjà pris sa décision. Si je ne suis pas encore viré, ça ne saurait tarder.

– Déjà ? Qu'est-ce que tu lui as fait, au vieux ?

– J'ai… enfin je lui ai dit ce que je pensais de sa mixture bien mielleuse sur l'égalité, le respect des différences et du handicap. *Il faut les respecter et les aider parce que ce n'est pas de leur faute, ils n'ont pas choisi ce handicap, blablabla…* tu vois le genre ?

– Ah oui, le collège accueille une section ULIS cette année…

---

11 **le guano** *ici :* Kot | 12 **une mouette** Möwe | 13 **louper qc** *fam* etw verpassen | 13 **faillir faire qc** fast etw tun | 13 **mourir d'ennui** *m* vor Langeweile sterben | 16 **la douleur** Schmerz | 17 **le coude** Ellbogen | 18 **le sang** Blut | 22 **être viré, e** *fam* von der Schule verwiesen werden | 26 **mielleux, -euse** *fig* zuckersüß

– Oui je suis au courant.

– Et ton coude ? Tu t'es pas battu avec Flachard, si ?

– Non… j'ai fait ma tirade, je me suis levé, et en allant vers la sortie, je suis tombé.

Lou ne dit rien. Lou pose sa tête sur le mur. Lou se ronge un peu les ongles. Lou sourit et c'est déjà pas mal.

Je ne saigne plus du tout.

La porte de la cantine s'ouvre en grand, libérant une horde d'élèves soulagés d'en avoir fini avec le discours trop long de Flachard. Certains me lancent des regards que j'ai assez envie de qualifier de moqueurs, d'autres ont visiblement autre chose à faire et foncent dans la cour. Et puis enfin, deux géants blonds se plantent devant moi.

– T'as assuré, mec.

– Ouais, respect.

L'un d'eux me tend la main, et m'aide à me relever.

Je suis debout face à lui.

Un géant à ma taille.

Lou s'est levée aussi, elle embrasse à pleine bouche le plus blond des deux.

– Vlad, je te présente Morgan et Paul. Vlad était en train de me raconter son aventure… Alors tu lui as dit quoi, au fait, à Flachard ?

Je me baisse pour ramasser mon sac, et le reste de mes affaires. Je perds un peu l'équilibre mais j'arrive à rester à peu près vertical. Je me cale sur Monique. Monique, c'est ma canne.

– Je lui ai dit qu'il y a mille raisons d'aimer ou de respecter les handicapés, mais sûrement pas juste parce qu'ils le sont.

Je sais que Lou a vu ma canne. Je reprends :

---

5 se ronger les ongles *mpl* an den Nägeln kauen | 12 foncer courir | 14 qn assure *ici :* er hast's drauf | 18 la taille *ici :* Größe | 23 se baisser sich bücken | 23 ramasser *ici :* prendre | 25 se caler sich zurechtsetzen

– On peut par exemple être des marrants, des beaux gosses, des sacrés cuisiniers, des gens sympas. On peut aussi être de vrais cons. De vrais cons, comme tout le monde. Pas plus, pas moins. Alors, respectez-nous pour de bonnes raisons, monsieur le principal. Voilà ce que je lui ai dit, à Flachard. En gros, quoi.

Lou me regarde et comprend que le handicap, c'est mon domaine. Que je connais bien.

Elle regarde Monique. C'est ma canne des bons jours, la jaune fluo à rayures.

Lou me dit :

– J'aime bien ta canne, c'est un peu la classe.

– Ouais, je l'appelle Monique. Une personnalité.

Je rigole, tout le monde rigole.

– Vladimir Duchamp, dans mon bureau, tout de suite ! hurle Flachard en sortant de la cantine avec le CPE et son adjointe.

Je rigole moins.

– Tu vas prendre cher, là. T'as dû le vexer, le vieux. Il n'a pas l'habitude de la contestation ! dit Morgan.

Bon, je choisis le début du plan B : j'ai joué les héros, j'assume.

– Vlad ? me lance Lou, toujours main dans la main avec Morgan.

– Ouaip ?

– Ce que tu lui as dit au principal adjoint… ça avait du style.

– Ça va me coûter un peu cher, je crois. Ma mère ne va pas voir le côté stylé…

Je me dirige vers l'escalier de l'administration, avec, comme dit Morgan, mon style à moi : les genoux qui se cognent, mes os qui me tiennent mal, mes pieds en dedans, mes mouvements désordonnés et ma canne qui rythme ma marche lente d'un « clac, clac » assez rock.

---

1 **marrant, e** drôle | 2 **sacré, e** *ici :* très bon *(begabt)* | 2 **un con** *fam* Blödmann | 9 **une rayure** Streifen | 14 **°hurler** crier | 15 **un, une CPE** *abrév de* conseiller, -ère principal, e d'éducation Beauftragte(r) für Verwaltungs- und Disziplinarfragen | 17 **vexer qn** jdn kränken | 25 **se diriger vers** aller vers | 26 **se cogner** aneinander stoßen | 27 **un os** [ɔs] Knochen

C'est donc moi, Vladimir Duchamp, quinze ans dans deux mois, handicapé de naissance, admis dans l'ULIS du collège Georges Brassens pour l'année, la langue bien pendue, des rêves de cinéma plein la tête et, depuis un quart d'heure, une Lou dans mes pensées.

– Bon courage. On t'attend dehors, Vlad.

3 avoir la langue bien pendue *expr* ein großes Mundwerk haben

SAÏD

Flachard et moi on se connaît bien. Un peu trop même. La dernière fois qu'un prof m'a envoyé dans son bureau, il a fait :

– Ah, Saïd, ça faisait longtemps. Ça fait combien de temps qu'on se fréquente ?

– Quatre ans, M'sieur.

– C'est vrai que tu as redoublé. Donc, quatre ans, et il t'en reste un à tirer, c'est ça ? Si tout se passe bien.

C'était l'année dernière en juin. À quelques jours de la sortie. Je devais être un peu trop content – je m'étais lâché en français, et le prof était pas du genre à laisser passer. Résultat, direct chez Flachard.

– Ça peut être très long, un an, Saïd.

J'ai fermé ma gueule.

– L'année prochaine, tu as deux solutions. Comme toujours, d'ailleurs. Soit tu continues comme ça, et on se verra tout le temps, jusqu'à ce qu'on en ait assez et que le conseil de discipline décide de ton exclusion. Soit…

Il a laissé passer un temps pour me faire flipper. Comme dans un mauvais film de gangsters. Ça n'a pas marché. Enfin pas trop.

– Soit tu te calmes. Tu te fais oublier. C'est pas compliqué, si ? Tu fiches la paix aux profs, et ils te fichent la paix. Tu tiendras un an. Après, tu auras seize ans. Tu pourras faire ce qui te chante. Réfléchis-y, Saïd : un an à se battre, ou un an tranquille.

Sur le moment, j'ai trouvé ça génial. Parce que là, Flachard, il venait de m'expliquer que les notes, les résultats, pour moi c'était fini. Plus personne allait m'ennuyer avec ça. C'était donnant-donnant – « Je te fiche la paix, tu me fiches la paix. »

---

8 **tirer** *ici : fam* absitzen | 10 **se lâcher** *ici :* dire ce qu'on pense | 18 **une exclusion** *ici :* Schulverweis | 19 **faire flipper qn** *fam* faire peur à qn | 22 **ficher la paix à qn** *fam* laisser qn tranquille (jdn in Ruhe lassen) | 22 **tenir** *ici :* durchhalten | 23 **ce qui te chante** ce que tu veux

Ça m'allait très bien. Même si au fond j'avais un goût bizarre. Comme si je lui en voulais de me laisser tomber. Mais bon, j'avais gagné, en vrai mec.

Donc, cette rentrée, je suis arrivé peinard. Ça manque un peu de potes – Mathieu et Abou sont partis direct en apprentissage. Hier ils m'ont envoyé des SMS pour se foutre de moi parce que je restais au collège. Mais j'ai pas relevé, j'ai un plan. Un plan en béton, comme dans *Ocean's Eleven* et les suivants.

Je tiendrai le coup jusqu'en mars. Et si le collège me gonfle trop, je me rattraperai le soir, à la salle de boxe. Ça me calme toujours, de frapper dans un sac. Souvent, quand les trucs sont trop durs, c'est à ça que je pense – gauche droite, gauche gauche droite, puis les jambes, faire bouger le sac dur et lourd comme un mur.

Et puis en mars, j'ai seize ans, et j'arrête les cours. Royal. Bon, je sais pas trop ce que je ferai après, mais je trouverai, sûr. Je vais avoir le temps d'y réfléchir pendant tous les cours où j'écouterai pas.

Mais le premier truc que j'ai vu en entrant dans la cour, c'est les *freaks*. Juré ils faisaient peur, entre le torsiflé, la gothique à roulettes, le golio et toute la bande. Et ils étaient là avec des adultes autour.

Je les ai bien regardés. J'avais un peu envie de me foutre de leur gueule, mais bon, j'étais pas trop à l'aise non plus. En cinquième, la prof de français nous avait fait voir *Freaks*, justement, un film super bizarre. J'avais flippé, mais c'était quand même trop bien (d'ailleurs, j'ai vu des trucs un peu pareils dans *American Horror Story* saison 3, donc il devait être connu, ce film). Voilà à quoi ils me faisaient penser, les monstros de l'ULIS.

C'est là que le torsiflé m'a surpris. En pleine réunion, voilà qu'il se lève et qu'il sort son speech à Flachard. Même moi j'aurais pas osé. Bon, j'ai quand même rigolé quand il s'est cassé la gueule.

---

2 **en vouloir à qn** être en colère contre qn | 4 **peinard, e** *fam* tranquille, relax | 5 **un apprentissage** Ausbildung, Lehre | 6 **se foutre de qn** *fam* se moquer de qn | 7 **relever** *ici :* réagir, répondre | 9 **gonfler qn** *fam* énerver qn | 10 **se rattraper** *ici :* alles wieder ausgleichen | 18 **torsiflé, e** *fam* tordu *(krumm)* | 19 **un golio** *fam* un fou

N'empêche. Un type qui répond à Flachard le premier jour, c'est soit qu'il est vachement courageux, soit qu'il est pas bien dans sa tête. Je sais pas pourquoi, mais j'ai envie d'en avoir le cœur net.

Ça tombe bien, voilà qu'il est juste devant moi, le torsiflé. En train de monter les marches vers le bureau de Flachard. Ça n'a pas l'air facile – il a un peu tout qui part dans tous les sens, les bras, les jambes, et même sa canne jaune fluo. Pour un peu, je le plaindrais.

Mais je préfère le siffler.

– Yo, tordu, t'as pas trouvé l'ascenseur ?

Je sais, c'est un peu con de l'agresser comme ça. Des fois, ça me vient sans que je sache pourquoi. Monsieur Jean, mon prof de boxe, dit que c'est mon tempérament. Que c'est une bonne chose, mais que je dois me canaliser.

Je sais pas trop ce que ça veut dire, « canaliser », mais bon, je fais comme si.

Le torsiflé s'arrête. Je m'arrête aussi, juste après le palier, trois marches en dessous de lui. Il ne se retourne pas. Tu m'étonnes – ça doit être vachement compliqué pour lui. Il se contente de baisser la tête et de pousser un soupir. Il lance :

– Tu m'as appelé comment ?

– Vas-y, fais pas ton vexé, l'handicapé.

La sonnerie vient juste de retentir. Fin de la pause.

Toujours sans se retourner, le type me lance :

– Et toi, comment tu t'appelles ?

– J'm'appelle Saïd. Mais tu peux m'appeler Monsieur, parce que…

Il a tourné la tête, me regarde par-dessus son épaule. Son regard étincelle. Merde. J'ai touché juste – le foie, l'estomac ou un truc sensible. Il est furax.

---

2 vachement *fam* très | 3 en avoir le cœur net connaître la vérité | 5 une marche Stufe | 7 je te plains du tust mir leid | 8 siffler qn jdn auspfeifen | 9 un ascenseur Aufzug | 11 sans que *(+ subj)* je sache ohne, dass ich weiß | 16 un palier Treppenabsatz | 17 tu m'étonnes ! *ici :* kein Wunder! | 18 baisser *ici :* senken | 22 retentir sonner | 28 étinceler *ici :* blitzen | 28 le foie Leber | 29 furax *fam* furieux

– D'accord, Saïd. Je crois qu'il va falloir que je t'apprenne la politesse.

Ensuite, tout arrive d'un coup. C'est compliqué à expliquer comme ça, mais voilà le scénario, plus ou moins. Enfin, ce que j'en comprends.

Il se retourne rapidement …

Sa main droite lâche la rampe …

Sa canne jaune fluo se lève –

c'est qu'il pourrait être dangereux

Ça, ça prend moins d'une seconde – Et puis juste après, ça se fige. Ça se fige en déséquilibre, au moment où je comprends qu'il est en train de se casser la figure dans les escaliers.

À cause de moi.

Ce serait un film, il y aurait un gros coup de musique, genre trompette ou je ne sais pas quoi. L'ambiance qui te fait comprendre qu'un truc super grave va se passer.

Et puis, soudain, il dégringole et je me le prends de plein fouet.

Je me retrouve allongé sur le dos, sur le palier. Mon crâne a cogné contre le carrelage. Au-dessus de moi, je vois la tête du type qui me fixe, l'air inquiet.

– Ça va ?

Et puis il se passe un truc bizarre. Comme s'il devenait un peu flou – parce que je regarde ailleurs. Je regarde derrière lui. Un autre visage. Un visage encadré de cheveux roux, avec sur le nez des taches qui font comme des drôles d'étincelles.

Théa.

Théa que je croise depuis quatre ans dans les couloirs, Théa qui ne me regarde jamais, pas plus que Charlie, sa sœur jumelle. Théa la tête bien pleine, Théa qui ne doit connaître mon nom

---

7 une rampe Geländer | 11 se figer ne plus bouger, rester immobile | 12 se casser la figure *fam* tomber | 17 dégringoler tomber | 17 de plein fouet mit voller Wucht | 18 le crâne la tête | 20 inquiet, -iète beunruhigt | 23 flou, e unscharf | 25 une tache (de rousseur) Sommersprosse | 25 une étincelle Funken | 29 la tête bien pleine *expr ici :* intelligent (plein, e voll)

que pour soupirer avec ses copines que décidément je suis trop relou. Faut dire qu'avant, je me moquais d'elle, je lui faisais tomber ses stylos, je la bousculais dans les couloirs. Bref, j'étais un gros demeuré chaque fois que je la croisais, et je n'ai jamais vraiment su pourquoi. En tout cas, le soir, quand je rentre de la boxe fatigué, détendu enfin, c'est souvent que je pense à elle. À ce que j'aimerais lui dire si on n'était que tous les deux. S'il n'y avait pas sa sœur, ses copines. Mes copains, aussi. Tout ce collège, tous ces murs, tous ces trucs qui empêchent les gens de dire ce qu'ils pensent, tout au fond.

Théa, quoi.

Qui se penche vers nous. Dans ses yeux, il y a un truc que je n'avais jamais vu – de la gentillesse. De l'admiration, peut-être.

– Saïd… tu l'as retenu ? C'est super, ce que tu as fait !

Elle s'agenouille près de nous. Sa tête est tout près de celle du tordu – enfin, du type, je ne connais pas son prénom. Et mes yeux passent de l'un à l'autre.

C'est dingue tout ce qu'on lit dans les yeux. Dans ceux du type, par exemple, je vois de la colère, d'abord, bien furieuse et bien profonde ; puis il se tourne vers Théa, juste une fraction de seconde, revient sur moi. Peut-être qu'il lit un truc particulier dans mes yeux à moi, parce que son expression change. Parce qu'il comprend.

Il sourit.

– Merci, Saïd, heureusement que tu étais là, j'allais me gaufrer en beauté.

Théa nous aide à nous relever. Pour la première fois, j'ai l'impression qu'ils ne me regardent pas comme Saïd-le-mauvais-élève, Saïd-le-relou-qui-fait-peur. Ils me regardent comme un héros.

---

2 **relou** *fam verlan de* lourd, e voll anstrengend | 4 **un demeuré** un idiot | 6 **détendu, e** entspannt | 9 **empêcher qn de faire qc** jdn daran hinder etw zu tun | 12 **se pencher** sich bücken | 14 **retenir qn** jdn (fest) halten | 15 **s'agenouiller** se mettre à *genoux* (Knie) | 18 **dingue** *fam* fou | 25 **se gaufrer** *fam* tomber

Mieux. Comme un type normal.

– Ça t'embête de m'accompagner chez Flachard, Saïd ? continue le type. C'est toi qui as raison, la prochaine fois il vaudra mieux que je prenne l'ascenseur.

J'hésite.

– C'est-à-dire que… Flachard, il sera pas ravi de me voir.

Il sourit encore plus largement.

– Tu plaisantes ? Tu viens de sauver la vie d'un handicapé. Il te filera une médaille, à mon avis.

Je ne sais pas quoi lui répondre – alors je me glisse sous son bras et je l'aide à monter l'escalier jusqu'à l'étage de l'administration. Sans oublier de jeter de temps à autre un coup d'œil derrière moi. Et, oui, Théa nous observe toujours. Elle me regarde.

D'un coup d'épaule, je pousse la porte à battants qui donne sur les bureaux. Ça y est, on est seuls, le type et moi. Il s'écarte un peu, me tend la main.

– Vlad.

– Saïd.

– J'avais compris. Tu sais quoi, Saïd ? Il y a un film que j'aime bien, qui se termine par une phrase trop chouette.

– Laquelle ?

– « Je crois que c'est le début d'une belle amitié. »

Et c'est comme ça que, tout en parlant de *Casablanca* et en marchant vers le bureau de Flachard, Vlad et moi on devient potes.

---

2 ça t'embête(rait) de… ? *fam* tu veux bien… ? | 2 accompagner qn aller avec qn | 6 ravi, e content | 10 se glisser sich schleichen | 14 un battant *ici :* Flügel

MATHILDE

J'aime pas les handicapés.

J'aime pas ceux qui s'adaptent. Ceux qui en jouent, qui s'en amusent, je crois que je les déteste encore plus. Ça me donne envie de vomir, ce côté *Le destin a été vache avec moi mais j'en rigole.*

Sales menteurs. Un handicap, c'est une tragédie, c'est tout. Une putain de tragédie. Imagine une fille qui au lieu d'être fière de ses guibolles interminables, au lieu de s'engueuler avec sa mère sur la longueur des jupes qu'elle peut porter, doit cacher ses cuisses sous une couverture. Parce que même une jupe longue, même un pantalon ample ne suffiraient pas à masquer la réalité : ses jambes, elles sont atroces. À faire hurler les gens comme dans les mauvais films d'horreur. Quand ils n'éclatent pas de rire.

Ouais, un handicap, c'est une tragédie. Ou une immonde farce. Et le pire de tout, c'est que cette fille, c'est moi.

– Tu as ta vie, Mathilde. Je sais que c'est dur pour toi, je sais que tu voudrais autre chose, mais c'est une phase. C'est l'adolescence, et ça passera parce que…

– Parce que mes jambes vont repousser quand je serai majeure ?

Je ne sais plus quand j'ai balancé ça, mais Maman a pleuré. Comme d'habitude. Et Papa a crié – ouais, comme d'habitude aussi. C'est leur jeu. C'est nos rôles. On n'a aucune raison de changer.

S'ils me foutaient la paix, au moins. S'ils me laissaient tranquille dans ma chambre, à écouter mes disques, à regarder Internet. Je ne leur demande rien, après tout. Mais non. Il faut qu'ils *s'occupent* de

---

4 donner envie de vomir *fig expr* anwidern | 5 vache *fam* gemein | 6 sale… ! *ici :* verdammte/r/s …! | 6 un, une menteur, -se Lügner, -in | 7 un, une putain de qc *vulg* ein/e Scheiß- | 7 fier, fière stolz | 8 une guibolle *fam* une jambe | 9 une cuisse Schenkel | 10 une couverture Decke | 11 ample large | 12 atroce horrible | 14 immonde widerwärtig | 14 une farce Streich, Scherz | 19 repousser recommencer à grandir *(wachsen)* | 19 majeur, e volljährig

moi. Il a même fallu qu'ils m'inscrivent dans cette saloperie d'ULIS – alors que je m'en sortais très bien avec les cours à distance, merci.

C'est-à-dire que je les faisais à moitié, et mal, pour avoir le temps de jouer à l'ordinateur le reste de la journée. J'avais des mauvaises notes, mais on s'en fiche, non ? C'est pas comme si je pouvais avoir un jour un métier, une carrière, une vie. Quoi que je fasse, je resterai toujours Mathilde-la-moitié-morte, la Mathilde dans son fauteuil, incapable de se lever, de marcher, de courir, de danser.

Il y a pas mal d'autres trucs plus courants que ma maladie m'empêche de faire, et franchement ça me dégoûte d'y penser. Je me dégoûte moi-même. Bref, je déteste les handicapés, surtout quand ils ont l'air d'accepter leur difformité.

Alors le beau gosse avec sa canne, je l'ai détesté au premier regard.

– Vlad, a-t-il déclaré en me tendant la main. Je parie qu'on est ensemble en EPS.

Je l'ai regardé sans répondre. Il se trouvait drôle, ce crétin. Ça ne m'étonnait pas – avec sa belle gueule, son sourire éclatant, la vie devait être facile. Et puis il marchait, lui. Avec une canne, mais n'empêche. Il avait les traits fins et de belles mains, même si elles tremblaient.

J'ai posé les miennes sur les roues de mon fauteuil et je lui ai tourné le dos.

– Mathilde…, a soupiré ma mère.

Parce qu'en plus des humiliations habituelles, ma mère m'accompagnait pour la rentrée. Les autres tordus de l'ULIS ont tous droit à une assistante personnelle, mais pas moi – pas pour

---

1 cette saloperie de… *vulg* diese/r/s Scheiß- | 3 à moitié ≠ complètement | 5 on s'en fiche *fam* ça n'a pas d'importance | 9 courant, e habituel, quotidien | 10 dégoûter qn jdn anwidern | 12 la difformité Deformation | 13 un beau gosse *fam* un beau garçon | 15 parier wetten | 16 l'EPS *abrév de* éducation physique et sportive | 17 un crétin un idiot | 18 une gueule *fam ici :* un visage | 18 éclatant, e *ici :* strahlend | 20 les traits *mpl ici :* Gesichtszüge | 21 trembler zittern | 22 une roue Rad | 22 un fauteuil (roulant) (Roll)Stuhl | 25 une humiliation Demütigung

l'instant, du moins. Je suis visiblement *moins* handicapée que les autres. Tu parles. Comme s'il y avait un niveau, des notes, un classement.

– Il faut que tu apprennes l'autonomie, Mathilde, parce que ta mère et moi ne serons pas toujours là pour…

– Pour m'emmener pisser, Papa ? Pour monter dans la baignoire ?

Cette fois-là, je crois qu'il n'a même pas crié. Il s'est tu, les yeux brillants, et il est sorti de la cuisine. Des fois, j'arrive même à faire pleurer mon père. Je ne suis pas sûre que ça me rende heureuse, mais n'empêche, ça fait un peu passer la colère.

Le beau gosse a contourné mon fauteuil pour se planter de nouveau face à moi.

– Salut, moi c'est Vlad. On s'est vus de l'autre côté. Euh… on danse ?

Là, j'avoue, j'ai rigolé.

Ma mère m'a jeté un regard bizarre, puis elle est allée discuter avec une AVS. Me laissant seule avec Vlad-le-beau-gosse.

Il a continué à me parler, de tout et de rien. Il faisait des blagues sur lui, principalement, sur sa canne qu'il appelait Monique, sur les spasmes qui agitaient ses mains… oui, il en faisait un peu trop, mais à ma propre surprise, ça ne m'énervait pas. Au contraire.

C'était un peu comme si, pour une fois, j'étais contente d'être au centre de l'attention de quelqu'un.

Et quand il s'est levé en plein milieu du discours du principal adjoint, mon cœur s'est mis à battre un peu plus vite.

J'ai écouté ce qu'il a dit – j'ai trouvé qu'il avait raison. Je ne l'aurais pas dit comme ça, je n'y avais jamais vraiment réfléchi, mais, oui, nous les handicapés, on peut être cons comme tout le monde.

---

7 se taire ne pas parler | 15 avouer zugeben | 17 un, une AVS *abrév de* auxiliaire de vie scolaire *une personne qui aide un élève handicapé à l'école*

Moi la première, sans doute. J'ai pensé à ma mère qui attendait dehors, aux larmes dans les yeux de mon père la semaine précédente. Peut-être. Peut-être que c'est vrai, Vlad, qu'on est des gens comme les autres.

Et puis il s'est cassé la figure devant tout le monde. Ça m'a fait drôle, parce que mon premier mouvement aurait été de le suivre, l'aider à se lever. Le réconforter, peut-être.

Sauf que bien sûr je n'ai pas bougé. Je me suis sentie timide devant tout ce monde, cet auditoire captivé par le discours d'un type incapable de marcher droit.

Alors je l'ai regardé sortir. Un peu plus tard, quand ma mère m'a poussée dans le couloir, j'ai entendu Flachard qui l'appelait. Il s'est levé – péniblement, bien sûr – et mon cœur s'est fendillé pour lui.

Et puis tout de suite après, mon cœur a ramassé une bonne décharge de déception – du 700 volts, à mon avis. Parce qu'à côté du beau Vlad, il y avait une très jolie blonde. Elle, je ne l'ai vue que de profil. Même que j'ai un peu détourné la tête pour éviter de regarder ses jambes infiniment longues et minces.

En revanche, j'ai bien vu ce qu'il y avait dans le regard de Vlad. La petite flamme.

Je n'ai pas le droit de me sentir jalouse – ce type, je ne le connais pas. En plus, c'est un handicapé. Et moi aussi, pour faire bonne mesure. Ça fait deux raisons d'oublier les petits rêves idiots qui commençaient à pousser dans ma tête.

J'espère que Flachard le mettra à la porte, tiens. Ce sera bien fait pour lui.

Je déteste les handicapés.

Surtout ceux dont je tombe amoureuse.

---

7 réconforter qn jdn trösten | **8 sauf que** außer dass | **13 péniblement** avec difficulté | **13 se fendiller** sich (leicht) brechen | **15 une décharge** *ici :* elektrischer Schlag | **15 la déception** Enttäuschung | **19 en revanche** par contre | **22 pour faire bonne mesure** um das Maß voll zu machen | **25 être bien fait pour qn** das geschieht ihm/ihr recht

VLAD

Dans le bureau de l'adjoint, je comprends vite que M. Flachard n'est pas si terrible que ça.

Il me dit qu'il aurait préféré avoir une discussion sur le fond, plus calme. Que j'ai sans doute raison, que ses propos étaient maladroits. Il m'explique qu'il ne peut pas renvoyer le jour de la rentrée un des élèves de la section ULIS qu'il vient juste d'ouvrir, que ça serait « ridicule ». J'acquiesce. Je sens que je n'aurais pas dû. Trop tard. Flachard sourit.

Ma libération est proche, Lou doit encore m'attendre dans la cour.

– Bon, monsieur Duchamp, vous aviez raison, vous méritez d'être traité à égalité avec les autres.

Il reconnaît son erreur. Je marque un point.

– Alors, comme pour les autres, en cas d'insolence, c'est six heures de retenue, sur deux samedis matin. Vous ne voyez rien à redire à ça, je suppose ?

Un point partout, balle au centre.

Six heures de colle le seul jour où je peux faire la grasse mat', ça va être dur.

Je remercie le brave homme pour sa clémence, il me quitte en me disant que je ferais sans doute un bon délégué de l'ULIS. Il me raccompagne jusqu'à la porte de son bureau.

Je repars dans le couloir en titubant, je ne sais rien faire d'autre. Tituber, c'est un peu ma marque de fabrique.

---

5 **sans doute** zweifellos | 5 **des propos** *mpl* des paroles | 6 **maladroit, e** ungeschickt | 6 **renvoyer** von der Schule verweisen | 8 **acquiescer** faire oui de la tête | 12 **mériter** verdienen | 15 **l'insolence** *f* Frechheit | 16 **une retenue** *ici* : Nachsitzen | 19 **une colle** *fam* une retenue | 19 **faire la grasse mat'** *fam* **faire la grasse matinée** dormir longtemps le matin | 21 **la clémence** Milde, Gnade | 24 **tituber** schwanken

J'aime bien savoir qu'il me regarde en douce, en se disant, *bon sang pauvre gosse.*

Alors, hop, je force un peu mon déhanchement. J'arrive très bien à faire croire que je vais tomber.

On ne sait jamais s'il avait pitié, « *bon sang, pauvre gosse* », et annulait la punition !

---

1 en douce *ici :* discrètement *(unauffällig)* | 2 bon sang ! um Himmels willen! | 3 un déhanchement Schwingen der Hüfte | 5 avoir pitié *f* Mitleid haben

OCTOBRE

VLAD

Parfois, la colère est bien là.

Paraît qu'il faut la traverser, cette phase où on est en colère contre le handicap, où on trouve que c'est trop injuste – pourquoi c'est tombé sur moi … à cause d'un cordon ombilical autour du cou à l'accouchement, qui m'a privé d'oxygène et entraîné des séquelles irrémédiables. Parfois, la colère passe, je ne sais pas pourquoi mais c'est reposant. Je n'en veux plus à tout le monde, à mes parents, aux médecins et aux profs qui, en voulant me protéger, m'empêchent d'avancer. Alors, j'ai moins envie de crier, comme ça, sur les gens dans la rue, sur les gens à la cantine, sur les gens partout, pour un regard en biais ou une phrase pas nette « Je traîne pas avec Handicap-Man », ou les « Trouve plutôt une fille comme toi ».

Maintenant, j'accepte l'idée de mon handicap, l'idée de ma vie, je lui trouve un sens. Je prends tout : ce qui est bon, et ce qui ne l'est pas.

Par rapport au commun des mortels, j'ai un truc en plus, ou un truc en moins, c'est selon : une athétose. C'est le nom – ça sonne bien non ? – de mon handicap, avec ses petits bonheurs associés : mouvements involontaires, contracture des extrémités donnant une impression de bizarrerie, difficulté à effectuer certains gestes du quotidien, torsion de l'ensemble du corps avec légère inclinaison latérale…

Parfois, je me sens reptile étrange, arbuste tordu, monstre blessé.

Et puis il suffit d'une petite chose, un sourire bienvenu, quelqu'un qui m'accepte comme ça, sans me poser trop de questions, ou en

---

3 (il) paraît que anscheinend | 5 le cordon ombilical Nabelschnur | 5 le cou Hals | 6 l'accouchement *m* Geburt | 6 une séquelle Folge | 7 irrémédiable *ici :* unheilbar | 12 en biais *m* schräg | 17 le commun des mortels *mpl* die Normalsterblichen | 18 c'est selon je nachdem | 20 une contracture Verspannung | 21 effectuer faire | 23 une inclinaison geneigte Haltung | 24 un arbuste un petit arbre | 24 blesser verletzen

m'en posant beaucoup, ou juste une journée normale, pour que j'oublie mon athétose.

Alors, je me sens puma libre, danseur fou, beau gosse irrésistible.

Je ne voulais pas de cette ULIS qui me montre du doigt, m'isole, me donne un statut d'handicapé officiel. Et puis, finalement, ça a du bon.

Les profs adaptent les cours pour nous. On a des AVS, des Assistantes de Vie Scolaire. La mienne, c'est Irène. Irène qui est ma main pour écrire vite, mes pieds qui courent droit, mon dos qui se penche sans douleur pour ramasser le cartable. Irène qui me tend Monique (vous suivez ?), quand je vais en récré sans elle.

J'ai moins l'impression d'être un noisetier tortueux. Je démêle mes branches, tranquillement. Lou n'y est pas pour rien. Un mois qu'on traîne tous les deux, depuis le jour de la rentrée où on s'est parlé, assis dans le couloir.

Un mois qu'on est devenus amis. Des vrais potes, qui font les mêmes jeux, les mêmes blagues, qui partagent et se racontent tout, ou rien.

On a fêté ça, hier.

C'est elle qui a eu l'idée. Une bougie chauffe-plat d'IKÉA sur le rebord de fenêtre de la salle de bio.

– Viens là, Vlad, on a un truc à fêter ! elle a dit, Lou, à la pause.

Elle a ajouté:

– Plus vite, tu peux pas ? Non, tu peux pas. Bon, je m'habituerai !

On a soufflé sur notre bougie.

– Un mois de rencontre. Tu te rends compte ? Un mois sans se quitter, un mois d'amitié ! a dit ma Lou.

Ma Lou qui est juste « mon amie », la meilleure qui soit, la plus drôle et aussi la plus belle, c'est malin.

---

12 un noisetier Haselnussstrauch | 12 tortueux krumm | 12 démêler entwirren | 14 traîner herumhängen | 20 une bougie chauffe-plat Teelicht | 26 se rendre compte réaliser

Morgan est arrivé en courant. Il a demandé:

– Vous fêtez quoi tous les deux ?

J'ai répondu avec une petite blague.

– Relaxe Morgan, on n'est pas tout nus au fond du CDI !

– Avec un autre, je flipperais, sérieux, a répliqué Morgan. L'amitié fille/garçon, j'y crois moyen. Mais avec toi, j'ai pas peur.

Avec une tape dans le dos, virile.

Ça a sonné, Lou m'a regardé, désolée. Elle m'a tendu un flyer. Et puis Morgan l'a embrassée – enfin je pense car j'avais tourné la tête depuis longtemps pour ne pas assister à tout le spectacle. J'ai fait comme si j'avais un truc hyper important à dire à Saïd et j'ai mis le papier dans ma poche.

– Salut Saïd, au fait, euh, tu sais ce que le prof a donné pour jeudi ?

Qui voulait dire, en vrai : « Salut Saïd, Morgan est en train d'embrasser Lou dans mon dos, change-moi les idées, je ne veux pas voir ça. »

4 tout, e nu, e nackt | 7 virile männlich

SAÏD

Il est K.-O., mon Vlad.

Je l'ai bien vu tout à l'heure quand Morgan s'est mis à embrasser Lou.

Pauvre Vlad. C'est ça aussi, le collège : les râteaux avec les filles. J'aurais envie de le réconforter, mais je vois pas trop comment. Moi, quand j'ai mal, je me dis juste que la vie, c'est comme un ring de boxe : t'es tout seul. Même si des fois il y a des gens qui t'encouragent, c'est toi qui es là debout, avec rien que tes poings et tes pieds face à un type bien décidé à t'en mettre plein la tronche. Alors j'aimerais lui donner ma devise – rendre coup pour coup. Au collège comme au club de boxe française.

– Calme-toi, Saïd, dit Monsieur Jean, mon entraîneur. Bats-toi avec ta tête, pas avec tes tripes.

J'essaie, juré. Je fais de mon mieux pour me protéger, pour rester prudent, pour la jouer tactique.

Et puis voilà qu'un sale coup me fait tomber. Dans ces cas-là, j'oublie tous les conseils de Monsieur Jean et je me jette en avant, bien décidé à anéantir mon adversaire d'un seul coup…

Et en général, je me retrouve par terre, à moitié K.-O., avec l'arbitre qui compte au-dessus de moi et Monsieur Jean qui secoue la tête d'un air triste. Je le sais bien : s'énerver, c'est perdre.

C'est la même chose au collège. Il arrive que la vacherie d'un prof, qu'une injustice, qu'une remarque raciste ou que le regard méprisant d'une fille me donne envie de cogner. Et si je le fais, en général je me ramasse. Ou plutôt, c'est Flachard qui me ramasse.

---

5 **un râteau** *ici : fam* Korb, Abfuhr | 6 **réconforter** qn jdn trösten | 9 **un poing** Faust | 10 **la tronche** *fam* la figure, le visage | 11 **rendre coup** *m* **pour coup** Gleiches mit Gleichem vergelten | 14 **avec tes tripes** *fpl ici :* aus dem Bauch | 17 **un cas** Fall | 19 **anéantir qn** jdn vernichten | 21 **un arbitre** *ici :* Ringsrichter | 23 **une vacherie** *fam* Gemeinheit | 25 **méprisant, e** verächtlich | 25 **cogner** taper, se battre | 26 **se ramasser** *fam* tomber | 26 **ramasser qn** aider qn à se relever

L'autre jour, j'ai essayé d'expliquer ça à Théa. Elle a eu l'air d'écouter. Quand j'ai eu fini, elle ne s'est pas marrée, elle n'est pas partie. Elle a juste dit que c'était une belle, c'est comment ce mot déjà ? Métamorphose ? Matamore ?

Zut. J'ai oublié. C'est con, parce que ce serait pile le moment de le sortir, là, dans le devoir de français. Qu'il y a une mégaflore entre le destin et un animal.

Je regarde Lapinot, elle est penchée sur son livre pendant qu'on écrit tous en silence. Elle lève la tête à chaque fois qu'il y a un bruit, et ses deux grandes oreilles pointent toujours vers moi. Donc, pas question de poser la question à Vlad. D'autant plus qu'il a fini par voir le papier que je lui tendais – le flyer que m'avait glissé Lou juste avant d'entrer en français.

Depuis, il tourne et retourne ce maudit bout de papier entre ses doigts. Il n'a pas écrit une ligne. Je ne sais pas comment Lapinot fait pour ne pas le voir – c'est évident qu'il n'est pas bien. Mais il faut dire qu'elle est souvent encore plus miro quand il s'agit des Ulissiens.

C'est quand même pas juste. Je suis toujours sur le radar de Lapinot, mais le type juste à côté de moi qui s'agite dans tous les sens, jamais.

Ce qui ne résout pas mon problème de méfalgore.

Tant pis, je tente le coup. Sur un bout de papier, j'écris: *C'est quoi le mot quand un truc est pareil qu'un autre truc ? Tu sais, la comparaison sans « comme »…* Et je le pousse discret vers Vlad. Qui tourne enfin la tête vers moi avec l'air du type qui tombe du ciel. Puis il me regarde et me fait une grimace qui veut dire *Mais de quoi tu parles* ?

---

2 se marrer *fam* rire | 5 pile *fam* exactement | 10 pointer vers *ici :* se diriger vers | 14 maudit, e verflucht, verdammt | 17 miro qui voit mal | 18 un Ulissien un élève de la classe ULIS | 20 s'agiter dans tous les sens faire des mouvements dans toutes les directions | 23 tant pis was soll's | 23 tenter le coup essayer

Je reprends le papier, pas mal énervé. *Mais si tu sais, le truc là pour comparer. Métaforce* ?

Et là, il explose de rire. L'idiot.

– Saïd !

La prof est déjà à moitié levée.

– Mais M'dame, c'est pas moi !

– C'est jamais toi, Saïd ! J'en ai assez ! Allez, dehors, je ne veux plus te voir.

Quoi ? C'est pas possible. J'ai rien fait – enfin si, un peu, mais elle ne le sait pas. Qu'elle s'en prenne à moi par erreur, je veux bien, mais me mettre à la porte pour ça – pour rien ? C'est injuste. D'accord, je les ai énervés, les profs, ces dernières années, mais quand même, ils le voient que je me suis calmé, non ?

Non, en fait. Quoi que je fasse, quoi que je dise, je resterai Saïd-l'insupportable. J'en ai tellement marre que cette image me colle comme un vieux chewing-gum sous une semelle de Nike.

– Charles, lance Lapinot au délégué de classe, je veux que tu accompagnes Saïd chez Monsieur Flachard.

L'année dernière et celles d'avant, ça ne m'aurait rien fait. Je me serais levé, bien droit, souple sur les jambes comme pour monter sur le ring, et je serais sorti en montrant bien à tout le monde que je m'en foutais. Sauf que je ne m'en fous plus.

J'essaie de me redresser, mais ça ne marche pas. Jambes coupées. Ça fait un tunnel noir, comme pendant un combat où j'ai le dessous. J'ai envie de mordre, de cogner…

– C'est pas lui, Madame. C'est moi. J'ai un problème.

Immédiatement, la prof change d'attitude. Elle m'oublie d'un seul coup. Et elle s'adresse à Vlad.

– Oui, Vlad, qu'est-ce qu'il y a ?

---

15 insupportable unerträglich | **16 une semelle** Sohle | **20 souple** gelenkig | **25 mordre** beißen

C'est marrant, les Ulissiens, on leur pardonne tout. Les bruits incongrus, les questions qui ne veulent rien dire et même des fois les cris. Les profs leur fichent une paix royale.

– C'est *métaphore*, Madame. Je ne sais plus si ça s'écrit avec un f ou avec ph.

– M-é-t-a-p-h-o-r-e, épelle la prof. Désolée, Saïd. Allez, au travail, tous.

Je crois que c'est la première fois que j'entends une prof s'excuser. Je jette un coup d'œil admiratif à Vlad. Il a beau être tordu comme un vélo qui s'est fait rouler dessus, il est trop fort pour embobiner les profs.

Il me faut quelques secondes pour revenir au devoir sur table. J'écris la réponse à la question 5, avec le mot *métaphore* dedans.

Et je me dis que ma métaphore à moi n'est peut-être pas si bonne. Que la vie, c'est peut-être plutôt comme un sport collectif.

Sur le petit bout de papier, toujours posé sur la table entre Vlad et moi, j'écris le mot *Merci*.

---

2 **incongru, e** unpassend | 9 **il a beau être…** *expr* obwohl/auch wenn er … ist | 10 **embobiner qn** jdn einwickeln

VLAD

J'ai posé Monique le long du mur, la Monique aux têtes de mort peintes au Tipp-Ex. Tiens, je me suis dit, Monique, en fait, c'est une métaphore. THE métaphore. Celle de ma vie. Je me suis marré tout seul, en pensant à ça.

Et j'ai fini par lire le papier que Lou m'a donné avant de se faire violer la bouche par Morgan.

C'était un flyer, avec un passage entouré au marqueur et sa petite écriture patte-de-mouche : « Ça c'est pour toi, mon Vlad ! » Et une flèche en rouge pour guider mes yeux, au cas où je ne saurais pas où regarder : *Micro-Film* : *Participez au grand festival* ! *Faites un film avec votre téléphone et tentez de gagner un voyage à New York pour deux* !

Faut pas me faire des coups comme ça parce qu'après, en français, je glande rien, forcément. Je rêve, j'ai des idées de scénarios, j'écris dans mon agenda, je me dessine en haut de la statue de la Liberté avec Lou.

Elle connaît mon envie de devenir cinéaste mais je trouve ça dingue qu'elle ait pensé à moi.

Au téléphone, le soir, je la remercie pour ça et on fait des tas de plans, on cherche une idée, on cherche la meilleure idée.

– On pourrait faire un vrai film d'horreur ? Avec du sang, des filles menacées par un fou masqué ? (proposition non retenue car déjà prise)[1].

– On pourrait tenter le film de science-fiction ? Avec des mini-robots, grille-pain et sèche-cheveux qui prennent vie et tentent de prendre possession du monde ? (proposition non retenue faute de budget).

---

6 se faire violer la bouche *fam ici :* se faire embrasser brutalement (brutal geküsst werden) (violer vergewaltigen) | 9 une écriture patte-de-mouche *expr* une écriture petite et difficile à lire | 14 un coup *ici :* Ding | 15 ne rien glander *fam* ne rien faire | 19 dingue *fam* fou | 23 menacer qn jdn bedrohen | 23 retenir *ici :* accepter | 24 [1] Vlad fait référence à *Scream* de Wes Craven sorti en 1996.

– Ou non, je sais ! Un film de grosse bagarre, comme dans *Call of Duty Black Ops II* ! Tu vois ?

(proposition non retenue, car, non, Lou ne *voyait* pas).

– Et *Meurtre sanglant au collège*, avec Morgan dans le rôle de la victime qui ne revient pas dans l'épisode 2 ? (proposition non retenue, Lou ayant trouvé ça d'un goût douteux. Moi, j'aimais bien…).

Après presque deux heures à parler de notre futur film, on en a oublié le brevet blanc de demain.

– Bonne nuit, Lou

– Bonne nuit, Vlad, je file me laver ! À demain !

Je raccroche en pensant à Lou sous sa douche… Une idée de film me vient. Proposition non retenue. Interdit aux moins de dix-huit ans.

*

C'est à la cantine qu'on a fini par se décider. Quelques copains s'étaient joints à nous, Saïd, l'indétrônable Morgan, et puis Théa et Charlie les jumelles, voisines de Lou à son cours de grec ancien. Et, entre le flan-pistache et le vieux morceau de camembert, Lou a dit comme ça :

– Et un road-movie, ça serait pas bien ?

Il a donc été décidé que le micro-film que j'allais réaliser, avec mon téléphone portable antique (je récupère les vieux téléphones de mon père), serait un road-movie. Une histoire d'amitié à bord de la vieille bagnole prêtée par ma mère, avec Lou et Saïd dans les rôles principaux et des décors peints sur des grands panneaux en carton qu'on ferait défiler en arrière-plan pour faire croire que la voiture avance. Voyez le genre.

---

1 une bagarre Schlägerei | 4 un meurtre Mord | 4 sanglant, e → le sang | 6 douteux, -euse zweifelhaft | 9 le brevet (des collèges) *in etwa* mittlere Reife | 9 un examen blanc Probeprüfung | 17 indétrônable unschlagbar | 18 des jumeaux *mpl*, des jumelles *fpl* Zwillinge | 23 récupérer recevoir | 25 une bagnole *fam* une voiture | 27 défiler *ici :* (ab)laufen

FLACHARD

– Il veut faire quoi ?

Flachard sent que sa voix tremble, et ça l'énerve un peu.

– Un film, Monsieur Flachard. Un court-métrage, pour participer à un concours de…

– Je ne pense pas que ce soit une bonne idée, Madame Ferraud.

– Vous pouvez m'appeler Irène.

– Si vous voulez. Écoutez, Irène, c'est très bien de vous impliquer dans la vie des élèves, mais…

– Nous sommes forcément impliqués, Monsieur, nous les AVS. Nous accompagnons ces enfants huit heures par jour. Et malgré ça, ce n'est pas facile, pour eux, de s'intégrer à la vie du collège. Vladimir est un exemple pour beaucoup. Il rattrape très vite son retard scolaire, il s'est fait des camarades et…

– Justement, coupe-t-il. Vous parlez de son retard, et je pense qu'il ferait mieux de se concentrer sur son travail scolaire que de perdre son temps.

Irène Ferraud s'agite sur sa chaise. C'est Estelle Leroux, l'enseignante d'arts plastiques, qui continue :

– Si vous me permettez, Monsieur Flachard, nous trouvons que c'est une excellente idée, au contraire. Irène nous en a parlé en salle des profs, et nous avons pensé à l'unanimité qu'il fallait aider Vladimir et les autres élèves à réaliser ce projet.

– Un projet magnifique, souligne Madame Lapiot. Lumineux. Étonnant.

Flachard ferme les yeux. Tout ça, c'est du travail en plus – le principal est toujours en congés maladie, mais on ne sait pas s'il va être remplacé ou non. Cette histoire va engendrer des kilomètres de paperasse – autorisations de filmer, demandes d'autorisation

---

4 un court-métrage Kurzfilm | 8 s'impliquer dans qc sich für etw einsetzen | 22 à l'unanimité f einstimmig | 28 engendrer verursachen

d'absences, coordination des activités avec le rectorat, compte rendu…

– Monsieur Flachard ?

Il rouvre les yeux.

– Ça restera un petit projet, vous savez. On voulait surtout vous informer, insiste Madame Leroux.

– Nos élèves sont très sensibles au langage de l'image, insiste la professeur de français. Les youtubeurs, les séries, ça leur plaît énormément.

C'est le mot *série* qui lui fait changer d'avis. Il pense à celle qu'il dévore en ce moment – avec un clan de motards américains qui trafiquent des armes.

– Qu'est-ce que vous attendez de moi, exactement ?

– Vous pouvez peut-être encourager Vladimir et ses camarades. Quelques mots suffiraient. S'ils sentent que nous sommes avec eux, ça va les encourager, les souder, les…

Flachard se redresse, toussote.

– Écoutez… c'est possible. Peut-être. Laissez-moi y réfléchir.

Les trois femmes discutent encore quelques minutes avant de quitter le bureau. Il finit par dire que, oui, d'accord, il convoquera Vladimir Duchamp dans son bureau et lui répétera que le projet est intéressant. Après tout, ça ne l'engage à rien, si ?

Et puis, pense-t-il quand il se retrouve enfin seul dans son bureau, peut-être qu'il y aura un petit rôle pour lui, dans ce court-métrage…

---

1 le rectorat *in etwa* Leitung eines Oberschulamts | 1 un compte rendu Bericht | 16 souder des personnes Personen zusammenschweißen | 17 toussoter leicht husten | 20 convoquer qn faire venir qn | 22 engager *ici :* verpflichten

DÉCEMBRE

MATHILDE

– Et maintenant, Mathilde, tu cours. Allez.

Les cheveux sur le nez, ruisselante de transpiration, accrochée à mon fauteuil, je fusille Sandrine du regard. Je hais cette fille.

– Je ne peux pas…

– En silence ! Des bulles qui ne parlent pas, tu te rappelles ? Allez, les bulles courent. Tout le monde, on est une bulle transparente, sans forme, qui se met à courir dans le ciel. Et SANS se déplacer, Amandine !

Autour de moi, cinq filles et deux garçons ont adopté des positions aussi diverses que ridicules – l'une en équilibre précaire sur la pointe des pieds, bras tendus, l'autre couchée par terre avec les jambes tendues vers le plafond. Moi, assise en travers de mon fauteuil.

Il n'y a que Mathys qui s'en sorte – le grand, le blond Mathys, qui a adopté une position qui évoque *vraiment* une bulle qui court. Bras en cercle comme un danseur, légèrement penché sur le côté, on dirait qu'il va s'envoler d'une seconde à l'autre. Oui, une bulle de savon qui se déplace à toute vitesse, voilà à quoi il fait penser.

Qu'est-ce qui m'a pris de dire oui à Maman quand elle m'a proposé, pour la centième fois, ce cours de théâtre, « tu verras l'animatrice est géniale, à ce qu'on m'a dit » ? Un moment de faiblesse. De folie, même.

Et voilà que je me retrouve en survêtement gris, grosses chaussettes et T-shirt trempé de sueur dans une salle sans fenêtre, avec sept autres ados qui tentent de suivre les idées folles de Sandrine.

---

3 **ruisselant, e de transpiration** *f* vor Schweiß triefend | 3 **accroché, e** *ici :* sich festklammernd | 4 **fusiller qn du regard** jdn mit Blicken töten | 6 **une bulle** Seifenblase | 8 **se déplacer** sich fortbewegen | 11 **précaire** *ici :* ≠ stable | 12 **couché, e** liegend | 13 **le plafond** Decke | 15 **s'en sortir** y arriver | 16 **évoquer qc** *ici :* faire penser à qc | 22 **un animateur, une animatrice** Betreuer/in | 23 **la faiblesse** Schwäche | 24 **un survêtement** Trainingsanzug

– Et maintenant, les bulles s'envolent… Charles, agiter les bras, c'est un peu trop facile, ça ne fait pas penser à un oiseau, juste à un type qui agite les bras… Bien, Alice, voilà, comme ça, toute légère, tu vas t'envoler… Mathys, continue… attention à ne pas rester figé… Allez Mathilde, tu y es presque, tu vas t'envoler.

Tu parles. Trois semaines que je viens, et trois semaines que je ne comprends rien à ses exercices. Ça avait très mal commencé, d'ailleurs – le premier truc que m'a demandé Sandrine, c'était de laisser mon fauteuil à l'entrée. Ça va pas, non ?

Elle s'est tournée vers le reste du groupe (Alice, Amandine, Yaëlle, Olivia et Nassima côté filles, et côté garçons Charles avec ses grosses lunettes, et Mathys, le seul type à ma connaissance capable de porter un survêtement sans ressembler ni à une racaille ni à un sac de patates).

– Vous avez entendu, donc ? Pour le premier cours, tout le monde prend une chaise.

Et tout le monde a passé deux heures assis, comme moi. À imaginer une boule d'énergie qui circule dans tout le corps (« fais-la bien descendre jusqu'à tes pieds, Mathilde, je dois la sentir ! »), à mimer des animaux imaginaires (le haut d'un cheval, le bas d'un alligator – pour moi, ça n'a pas été trop compliqué) et à hurler des mots sans suite (« Allez, tout le monde : *Raha-la-balalaba* sur le ton de la colère ! »).

J'ai failli arrêter dès le premier cours, mais d'une part j'avais promis à ma mère d'essayer au moins trois fois, et d'autre part il y avait le sourire de Mathys…

« Arrête les fantasmes, ma fille. Tu n'as rien pour lui plaire – en fait, il te manque au moins une moitié de corps pour qu'il te regarde seulement. »

---

2 un oiseau Vogel | 5 figé, e immobile | 13 une racaille *péj* Abschaum | 14 une patate *fam* Kartoffel | 24 faillir faire qc fast etw tun

Parce qu'Amandine ou Yaëlle, elles, n'hésitent pas à mettre des collants opaques – et ça me tue de voir la longueur de leurs jambes. Je serais un garçon, j'en deviendrais gaga. (D'ailleurs, c'est peut-être pour ça que Charles rate systématiquement tous les exercices…)

Bref, entre les promesses et l'envie de montrer que moi aussi j'existais, jambes ou pas jambes, je suis revenue deux fois au cours de Sandrine. Mais là, franchement, je crois que c'est terminé.

Je me penche encore un peu sur le côté, je tends le bras vers le haut – ça doit être ça, voler, non ? Monter vers le ciel – et je tâche de me faire la plus légère possible, comme une plume, comme une bulle, comme…

Le fauteuil tombe.

Pareil que dans les dessins animés. Il y a une microseconde où je reste suspendue, parfaitement consciente que je ne suis plus en équilibre, mais pas encore décidée à laisser la gravité gagner. Au lieu de regarder le tapis où je vais m'écraser, je regarde le plafond de la salle sans fenêtre, comme si je voulais m'élever vers lui et…

Et je me casse la figure avec un petit cri ridicule.

Ça fait mal – un tout petit peu à l'épaule et à la joue, mais beaucoup beaucoup à l'amour-propre. Je sens des larmes couler sur ma joue. Bien sûr qu'elles détruisent mon smoky eye, du moins ce que la transpiration n'a pas déjà ruiné.

– C'était ça, Mathilde ! Parfait ! Vous avez vu, les autres ?

Sandrine est à mes côtés, elle m'aide à me relever.

Les autres nous regardent avec des hochements de tête convaincus, Mathys sourit – pas mal, ce sourire.

Et puis il se met à applaudir. Les autres l'imitent.

---

2 des collants *mpl* Strumpfhose | 2 opaque blickdicht | 3 gaga *fam* fou | 11 une plume Vogelfeder | 15 suspendu, e *ici :* en équilibre instable | 15 conscient, e bewusst | 16 la gravité Schwerkraft | 17 s'écraser *ici :* aufprallen | 19 se casser la figure *fam* tomber | 20 la joue Backe | 21 l'amour-propre *m* Selbstachtung | 22 détruire zerstören | 26 un °hochement de tête Kopfnicken | 27 convaincu, e überzeugt | 28 imiter qn jdm nachmachen

Ça me fait une grande bouffée dans le cœur où tout se mélange – les larmes le ridicule le triomphe l'envie de leur sourire.

– Allez, on continue, lance Sandrine. On passe à la voix. Alors, tous ensemble : *Oh-lo-bolo-rahahakougna*…

1 une bouffée *ici :* une sensation forte | 3 une voix Stimme

VLAD

Mes profs de l'ULIS ont appris par Irène, qui voulait bien faire, que je me lançais dans ce projet de tournage.

Ils ont bien sûr trouvé l'idée lumineuse, magnifique, étonnante… d'autres adjectifs ont été utilisés mais je ne les ai pas tous retenus.

Flachard a jugé que « ce sera une expérience pleine d'enseignements, bravo mon petit », ma mère a recouvert les sièges de la « vieille auto » d'un plaid acheté pas cher à Eurodif, mon père m'a même prêté son tout nouveau téléphone acheté la semaine d'avant.

C'est devenu un projet collectif, même si, j'ai prévenu tout de suite, c'est moi le chef. Lou est conseillère artistique, ma mère est décoratrice.

On a d'abord passé du temps sur les décors. On a placé l'action dans l'Arizona. Alors, à l'arrière de vieux rouleaux de papiers peints, on a peint une étendue de sable, deux-trois cactus et un ciel sans nuages. Saïd joue le rôle d'un type, Lincoln, qui fait la route avec les cendres de son père dans le coffre, et qui prend en stop une fille, Darla, jouée par Lou.

Il y aura peu de dialogues, un défi. Je dois montrer en trois minutes qu'une amitié ou un amour est en train de naître, comme ça, doucement.

*

Le tournage a commencé.

Il y a une dimension particulière, un truc technique : je ne peux pas du tout filmer debout. Ben non. Je suis tout tordu, quand même. Je ne peux pas être debout, Monique dans une main, le téléphone dans l'autre, faudrait que je me mette les feuilles du scénario entre

---

3 un tournage Drehen | 5 retenir qc se rappeler qc | 7 un enseignement Lehre | 7 un siège Sitz | 8 un plaid Decke | 12 un conseiller, une conseillère Berater/in | 16 une étendue Fläche | 18 les cendres *fpl* Asche | 18 en stop per Anhalter | 20 un défi un challenge | 22 doucement *ici :* peu à peu

les dents, mais alors là, je ne peux plus dire : « Action / Coupez / Sois plus dans ton personnage, Saïd / Lou, t'es parfaite, change rien », ni rien d'autre.

Je suis donc comme ces metteurs en scène d'Hollywood à grand fauteuil et mégaphone. Je ne bouge pas de ma chaise, je donne mes ordres assis, et ça, c'est quand même la méga-mégagrande classe, non ?

Aujourd'hui, on a réussi à filmer leur rencontre. Lou qui fait du stop, Saïd qui s'arrête et lui propose de monter, coucher de soleil rouge peint à la gouache, Lou qui s'endort, la tête contre la fenêtre, des cactus en fond, formes vertes collées à la glu. L'émotion, elle, c'est pas du carton-pâte.

---

4 un metteur en scène Regisseur | 10 la gouache Deckfarbe | 12 le carton-pâte Pappmaché

SAÏD

– De l'émotion, Saïd ! Allez, à toi.

De l'émotion. Il est rigolo, le Vlad. J'essaie de suivre ses instructions : je fais semblant de conduire une voiture (arrêtée, donc) en écoutant la radio et en laissant dormir Lou-Darla à côté de moi. Bon, déjà, c'est pas facile d'avoir l'air cool – ce volant, je le bouge ou pas ? Mais s'il faut aussi de l'émotion, alors là…

– Comme ça ?

Je plisse les yeux, je penche la tête sur le côté. J'essaie de faire la tête du type qui pense « Ah qu'elle est jolie et mystérieuse la jeune auto-stoppeuse que je viens de prendre. Comment lui parler ? »

Ça plaît sûrement à Vlad parce qu'il ne me dit rien de particulier. Il crie « Action », et ça commence.

C'est-à-dire qu'il ne se passe rien.

Ça dure quelques secondes – 10 maximum, la durée idéale du plan selon Vlad – mais ça me paraît plus long qu'un cours de français un lundi matin de 8 à 10.

– Coupez !

Je me détends. À côté de moi sur la banquette, Lou rouvre les yeux, fait rouler sa tête.

– C'était bien, là ? demande-t-elle.

– Parfait. On va la refaire.

« On va la refaire. » Je me demande si, comme moi, les acteurs à Hollywood ont envie de tuer quelqu'un quand ils entendent cette phrase. « On va la refaire. » Ça fait combien, vingt, trente prises ? On ne sait toujours pas ce que veut Vlad. Chaque fois, il dit que c'est parfait, qu'on ne doit rien changer, qu'on refilme juste pour être sûr. Et puis au dernier moment, il ajoute une indication qu'on comprend pas vraiment.

---

4 **faire semblant de faire qc** etw mimen | 6 **un volant** Steuer | 9 **plisser les yeux** die Augen zusammenkneifen | 19 **se détendre** sich entspannen | 25 **une prise** *ici :* Aufnahme | 28 **ajouter** hinzufügen

Quand Vlad passe à côté de moi, je tente :

– C'était bien, l'émotion, là ?

– Impeccable. Essaie de ne pas plisser les yeux, et peut-être de ne pas pencher la tête, et ce sera parfait. Lou, tu peux peut-être la jouer plus détendue.

Elle se mord les lèvres. À mon avis, elle voudrait lui dire que si elle continue comme ça, elle va bientôt s'endormir. Ou mourir d'ennui.

Ça fait hyper longtemps que ça dure et je commence à avoir vraiment la dalle.

– Vlad, on se ferait pas une pause, des fois ? Peut-être que si on mangeait un truc avant de reprendre…

Son visage se ferme, il secoue la tête :

– Une dernière et on arrête, c'est promis.

Heureusement, il y a des gens pour calmer un peu notre apprenti réalisateur. Sa mère en particulier.

– Saïd a raison, mon Vlad. Venez manger un morceau, vous serez plus en forme pour continuer.

Petite pause. Vachement méritée.

Notre cinéaste préféré lit son scénario : des pages et des pages d'écriture spéciale Vlad, qu'il est le seul à pouvoir déchiffrer.

Lou m'accompagne dans la cuisine, où la mère de Vlad a préparé des tartines – beaucoup trop. Théa et Charlie, les jumelles, sont en grande conversation avec Mathilde-la-gothe, qui sourit, pour une fois, et ça lui va bien.

Théa, elle est juste trop : trop douce, trop mignonne… et puis aussi trop intello pour regarder un type comme moi autrement que comme un pote de la classe. Un pote de la bande qui tourne un minifilm sous les ordres d'un cinéaste tout fou et tout tordu.

---

3 **impeccable** parfait | 6 **se mordre les lèvres** *fpl* sich auf die Lippen beißen | 10 **avoir la dalle** *fam* avoir faim | 15 **apprenti, e réalisateur, réalisatrice** Nachwuchsregisseur | 19 **mériter** verdienen | 26 **doux, douce** sanft | 26 **mignon, -ne** süß

C'est bête. Quand j'ai dit oui à Vlad pour jouer dans son film, j'ai cru que peut-être, elle me verrait autrement. Après tout, les filles aiment les acteurs, non ? Mais Théa n'est pas une fille comme les autres. Théa, elle est…

– Oh, Saïd, tu rêves ?

Lou me secoue gentiment par l'épaule.

– Quoi ?

– Ça fait cinq minutes que je te parle.

– Ah. Pardon.

Elle regarde du côté de Théa et Charlie avec un petit sourire.

– T'es super occupé, en ce moment, on dirait…

– Laisse tomber. Tu me disais quoi ?

– Rien. Je te demandais juste si tu n'en avais pas marre de jouer cette scène.

Je vais lui répondre que oui, que j'en ai super marre et que j'aimerais mieux être chez moi à regarder un documentaire (je sais, les documentaires c'est tarte, mais ça me passionne toujours, depuis tout petit). Et puis je réfléchis une seconde. En vrai…

En vrai, sans Vlad, sans cette histoire de film, je ne serais pas là, avec eux. Pas là à écouter rire les jumelles, pas là à blaguer avec Lou et Mathilde entre les prises. Pas là à écouter Vlad s'emmêler dans ses explications, balancer ses papiers par terre en disant que c'était une erreur, qu'il arrête, que ça ne marchera jamais. Et revenir trois minutes plus tard avec son sacré sourire de Vlad.

– Tu veux savoir, Lou ? Je me marre.

Elle sourit.

– Moi aussi. J'adore. C'est n'importe quoi, mais j'adore.

– T'as compris ce qu'il allait raconter, ce film ?

– Pas vraiment.

---

17 tarte *ici : fam* bête, idiot | 21 s'emmêler *ici :* sich verstricken | 22 balancer lancer, jeter

– Moi non plus. Des fois, je me dis que Vlad ne le sait pas lui non plus.

Elle ne répond pas, elle le regarde juste en coin, avec une sorte de faux sourire.

On dirait qu'il n'y a pas que moi qui suis très occupé en ce moment… Je crois que je sais ce qu'elle pense. Elle pense qu'il est craquant, le Vlad, avec son sourire et ses idées bizarres et ses cannes. Il est craquant, mais il est aussi vraiment tordu. Handicapé. Pour beaucoup de gens, ça pose problème. Et puis il y a Morgan, qui…

Vlad revient dans la cuisine.

– J'ai trouvé, annonce-t-il. Lou, tu vas jouer moins endormie, et Saïd tu vas jouer plus impassible. Le genre qui ne sent rien, qui ne pense rien, tu vois ? Comme le type dans James Bond. Bon, tout le monde est prêt, on y retourne ?

Et nous voilà repartis pour la scène 3, trentième… Clap.

---

7 **craquant, e** *ici : fam* super | 12 **impassible** qui ne montre pas ses *sentiments* (Gefühle)

VLAD

Ce soir, Lou vient chez moi, sans les autres. On va regarder les plans filmés ces derniers jours.

J'ai envoyé ma mère au ciné, on est tranquilles jusqu'à minuit.

On a commandé des pizzas. Lou a un des fromages de la « trois fromages » qui lui dégouline sur le menton. Je lui dis rien, je la trouve craquante comme ça. Et puis, si jamais on s'embrasse, ça tombe bien, j'aime bien le gorgonzola.

– Tu crois, Vlad, que tu as tes chances ? Hein ?

– Pour New York ?

– Oui, pour New York. Ça serait le rêve pour toi, non ?

– Une partie du rêve, ouais. Mais, tu sais…

Là, je voulais tenter de lui raconter l'autre partie de mon rêve, qu'elle fasse le voyage avec moi, lui faire comprendre que l'amitié, c'est bien joli-joli, c'est chouchou comme tout, on est des potes, génial, on se tape dans le dos, on fait des batailles d'oreiller dans le canapé, on se fait des moustaches avec la chantilly, bref on rigole quoi. Mais ça a ses limites, quand même. J'allais dire tout ça, en mieux, pour qu'elle se rue sur moi et m'embrasse sur la bouche.

Et elle a reçu un SMS de l'autre géant. Du brave Morgan. J'ai bien vu qu'elle n'était plus avec moi, elle a tapoté sa réponse en rougissant, je suis allé me reprendre de la pizza.

Finalement, Lou passe pas mal de temps au téléphone avec Morgan. Elle reste sur la terrasse. Depuis la cuisine, je la vois s'agiter, froncer les sourcils. Ils se disputent, c'est sûr. Elle range son portable dans la poche de son jean, et rentre dans le salon.

– Je vais y aller Vlad. C'est Morgan. Il me fait un plan pourri, là. Grosse crise.

– Une crise de quoi ?

---

6 dégouliner *ici :* laufen | **6 le menton** Kinn | **16 un oreiller** Kopfkissen | **19 se ruer sur qn** sich auf jdn stürzen | **20 un géant** Riese | **25 froncer les sourcils** *mpl* die Augenbrauen runzeln | **27 pourri, e** *ici :* nul

– Jalousie.

– Je croyais qu'il n'avait rien à craindre de moi. C'était ça l'idée, non ? Rien à craindre d'Handicap-Man.

Deux secondes de silence et la Lou-réponse arrive :

– Handicap-Man et ses superpouvoirs…

Je la raccompagne jusqu'à la porte, je ne dis rien, elle me prend par la taille, alors qui tient l'autre je ne sais plus. Elle pose une bise sur ma joue et attend l'ascenseur.

Je sors mon téléphone et je la filme en douce, en faisant comme si je consultais mes messages, toute jolie, décoiffée, les yeux gonflés de larmes.

– Tu envoies des SMS à une amoureuse secrète ? dit ma Lou.

– Presque.

L'ascenseur est là, le traître.

Lou est partie.

Mon SMS aussi :

– Alors comme ça, j'ai des superpouvoirs ?

---

1 la jalousie Eifersucht | 2 craindre avoir peur | 8 un ascenseur Aufzug | 10 gonflé, e de larmes *fpl* verheult | 14 un traitre Verräter

JANVIER

DYLAN

C'était bien Noël.

J'adore Noël depuis tout petit. Même quand on m'a dit qu'il fallait plus croire au Père Noël.

J'ai eu un pull et une console avec un jeu et aussi une bande dessinée. J'aime les bandes dessinées c'est bien. On a mangé avec mes parents chez ma tante. Mes cousins ils ont joué avec moi. Ils m'ont laissé regarder un film avec eux et les jeux à la Wii aussi. J'ai promis de ne pas m'énerver et je ne me suis pas énervé même à la fin quand j'avais envie de jouer encore et qu'il fallait partir. Après Noël, je voulais retourner en sixième parce que c'est bien les cours et le collège. Mais il fallait attendre, c'était encore fermé. J'ai eu le droit d'appeler mon copain Vlad, celui avec les cannes. Il est grand mais il est toujours gentil avec moi depuis le début de la sixième.

Vlad il m'a dit qu'il faisait un film avec ses copains. J'ai demandé si je pouvais venir. Il a dit que je ne pouvais pas, que c'était pas prévu. J'étais triste alors je lui ai dit que je voulais venir quand même.

Il a rigolé et il a dit si tu y tiens tu viens. Je savais pas ce que ça veut dire si tu y tiens mais j'ai dit à Maman et elle m'a emmené.

Après, j'ai compris ce que ça veut dire si tu y tiens, parce qu'ils m'ont donné un grand bâton, ça s'appelle la perche, mais en fait c'était deux cannes de Vlad avec du scotch. Moi je devais la tenir au-dessus de la tête des acteurs. Sans baisser, sinon on la voit dans la caméra.

Au début j'avais du mal à y tenir, puis ils m'ont dit que sans ça on n'entendait pas assez bien le son. Ils avaient vraiment besoin de moi alors j'ai fait un effort et j'ai tenu. C'était bien, après on a fait un goûter et je suis rentré chez moi avec Maman.

---

17 **prévu, e** geplant | 19 **y tenir** tenir à qc, vouloir qc | 22 **un bâton** Stock | 22 **une perche** *ici :* Galgen (zur Tonaufnahme) | 24 **baisser** *ici :* (den Galgen) heruntergehen lassen

VLAD

Au collège, c'est un peu dur : Irène est malade. Je dois donc me débrouiller seul, cartable, cantine, déplacement dans les couloirs. C'est fatigant !

En récré, on décide avec Lou et Saïd de se retrouver juste après les cours pour continuer le film. Il nous manque plusieurs scènes, dont une à la station-service : Lincoln apprend à Darla ce qu'il a dans le coffre.

Morgan est là, un peu sur la défensive, mais plutôt aimable avec moi. Lou a sûrement réussi à le convaincre que je ne suis pas un rival, et ça me déprime.

Elle, elle fait comme si… comme si rien, comme si je ne lui avais pas envoyé de SMS, hier soir. Le mois dernier. L'année dernière. Il y a une vie, un siècle, une éternité. Pas de réponse. On parle des cours, du festival, de la Monique du jour (j'ai pris la canne de mon grand-père avec son totem de scout dessus : Chevreuil fier et cordial), qui en jette.

– Il te l'a donnée ? me demande Morgan

– Il en a moins besoin maintenant, je réponds, avec une idée derrière la tête.

– Il en a acheté une plus moderne ?

– Non, il est surtout mort.

C'est pas très sympa, mais j'avais envie de le mettre mal à l'aise, monsieur-je-maîtrise-tout. C'est réussi : il est désolé, il me présente ses condoléances, il est tout nerveux.

C'est moche ce que je viens de faire. En plus Papy va très bien. Hier soir, au téléphone, il pétait la forme, il vient même de se retrouver une « jeunette » comme il dit. Une dame de soixante-treize ans et

---

3 **se débrouiller** zurechtkommen | 7 **une station-service** Tankstelle | 16 **un chevreuil** Reh | 17 **cordial, e** herzlich | 17 **en jeter** *fam* viel hermachen | 23 **mettre qn mal à l'aise** jdn in Verlegenheit bringen | 24 **maîtriser** meistern, im Griff haben | 24 **présenter ses condoléances** *fpl* sein Beileid aussprechen | 27 **péter la forme** *fam* être en pleine forme

des poussières, la fleur de l'âge pour mon papy de quatre-vingts ans ! Il m'a donné cette canne quand j'ai eu ma place à l'ULIS. Symboliquement fort.

C'est une canne qu'il a fabriquée lui-même et je l'adore. Quand je veux me sentir imbattable, je la prends, j'ai l'impression qu'elle me protège.

Morgan rejoint Paul au fond de la cour, en s'excusant encore avant de nous quitter. Je culpabilise un peu, environ douze secondes. Après je profite : on est là, tous les deux, Lou et moi. Je la regarde en souriant, bêtement. Je crois qu'elle a compris mon petit jeu.

– Le pauvre, t'exagères Vlad !

– Il l'a bien cherché, non ?

– Il t'aime bien, tu sais.

– Oui, je sais. Il a un peu pitié aussi. J'ai horreur de ça.

– Ça te reprend. Tu *vladises* à mort, aujourd'hui, toi.

– Je quoi ?

– Tu *vladises*. Du verbe *vladiser*, en vouloir à la Terre entière, faire payer les autres pour son handicap.

– Vraiment ? Alors j'ai des superpouvoirs ET un verbe rien que pour moi !

Lou me lance un regard que je ne sais pas déchiffrer.

La sonnerie retentit et Lou s'en va.

– À tout' ! Devant le collège à 17 heures ! me dit-elle.

Le vent fait danser ses cheveux, elle se retourne en souriant.

J'ai filmé ça, je ne sais pas si elle l'a vu.

Ça va être bien au ralenti.

---

1 **et des poussières** *fpl* et quelques (années) | 1 **la fleur de l'âge** *m expr* die Blüte des Lebens | 8 **culpabiliser** se sentir *coupable* (schuldig) | 12 **exagérer** übertreiben | 18 **en vouloir à qc/qn** être en colère contre qc/qn | 19 **payer** *ici :* büßen | 22 **déchiffrer** entziffern | 27 **au ralenti** in Zeitlupe

SAÏD

– Laisse tomber, Lou, il veut pas il veut pas, c'est tout.

Je suis déjà en train de sortir du magasin, mais elle insiste.

– On a juste besoin de votre autorisation, Monsieur. Quelques images près des pompes, c'est tout.

– Ça m'intéresse pas, dit le vieux derrière la caisse.

Il fait une sale tête. Une tête que je connais bien. Encore un Mékanmêm.

– Un quoi ? demande Lou, un peu agacée.

J'ai réussi à l'entraîner avec moi vers la sortie, mais elle se plante au rayon presse pour faire semblant de lire un truc de filles. Elle réfléchit à une nouvelle tactique, j'en suis sûr. Un vrai bouledogue, cette fille – elle lâche rien. Mais avec le vieux, je crois que c'est mort, quand même. Patient, j'explique.

– Un Mékanmêm. Tu connais pas ? C'est un type qui n'est pas raciste, *mais quand même.*

Elle a l'air surpris.

– Tu crois que c'est pour ça qu'il a dit non ?

– Non, bien sûr… *mais quand même.*

Elle réfléchit deux secondes, puis secoue la tête.

– J'y crois pas…

Je soupire.

– Lou, t'es adorable, mais des fois, tu planes un peu non ? Alerte spoiler : on a un Vlad tout tordu et une Mathilde à roulettes qui traînent à côté des pompes, et moi j'ai une nationalité de peau différente. C'est ce qu'on appelle des handicaps, tu vois ? Surtout quand on demande service à un pompiste en mode « j'ai pas envie ».

---

5 **une pompe** *ici :* Zapfsäule | 7 **faire une sale tête** avoir un visage pas sympa | 11 **un rayon** Abteilung | 13 **lâcher** loslassen | 13 **c'est mort** *ici : fam* es ist alles futsch | 22 **soupirer** seufzen | 23 **planer** *ici : fam* in den Wolken schweben | 25 **la peau** Haut

C'est bizarre, parce qu'à ce moment-là, elle regarde vers l'extérieur et rougit un peu. Parce que je parle de racisme ? Quand je vois ce qu'elle regarde – Vlad, appuyé contre la voiture de sa mère, près de la pompe de gas-oil, qui nous attend depuis cinq bonnes minutes avec un air de plus en plus impatient – je comprends que c'est autre chose.

Ça la fait rougir quand je dis que Vlad est tordu.

Parce qu'elle commence à le voir autrement. À voir le Vlad tout droit sous le Vlad torsiflé. Le Vlad beau mec amoureux sous le Vlad bon copain de l'ULIS.

Je connais ça. Moi, ça fait des semaines que ça m'arrive – enfin, sans le côté « beau mec amoureux », évidemment. C'est con, mais des fois, on oublie, juste. On parle avec quelqu'un, on a nos blagues, nos codes, nos sujets préférés. Bref, la discussion entre potes, normale et tout. Et puis il y a un tout petit rien – un mouvement nerveux du bras, la canne qui tombe – et d'un coup on se souvient que le type en face ne fonctionne pas tout à fait comme nous. Qu'il a un truc qui rend pas mal de choses plus compliquées. Un *handicap*, donc.

Des fois, je me dis que c'est aussi comme ça que ça se passe entre Théa et moi. Qu'elle me voit au-delà des apparences, qu'elle oublie mon handicap à moi : la peau bronzée, les cheveux frisés, le nom qui rappelle le bled. Et puis les manières qui marchent moyen avec les filles.

Je sais, je déconne. Mes origines, comme on dit, c'est pas un handicap. En tout cas, ça devrait pas. Mais il y a des jours où j'inventerais bien une ULIS pour l'intégration des types comme moi…

Je m'impatiente :

17 tout à fait ganz | 23 un bled *arabe* un village | 25 déconner *fam ici :* dire des bêtises

– Bon, Lou, on y va ? C'est mort, je te dis. On trouvera une autre station-service, ou alors Vlad changera le scénar, il a l'habitude. Mais s'il te plaît, on bouge. Il me colle le seum, ce type.

Encore un coup, elle ne dit rien, l'air de réfléchir, puis elle secoue la tête et elle lance :

– Non, c'est pas mort. Je veux essayer encore.

Elle me laisse là, au rayon presse de la station-service, et retourne vers la caisse. Le type n'a pas bougé – à part deux gars qui boivent un café près du distributeur, on est les seuls clients.

– Monsieur ? Si je vous disais qu'on est de la télé, vous accepteriez de nous laisser tourner nos images, non ?

Le vieux secoue la tête sans même la regarder.

– Vous êtes pas de la télé. J'ai du boulot, alors dégagez, maintenant.

Du boulot, tu parles…

– C'est parce que mon camarade est d'origine maghrébine ?

Le type se tourne d'un coup vers elle. Il a l'air de paniquer un peu. Elle enchaîne :

– Il est d'ici, vous savez. Né ici, élevé ici. Ses parents sont français depuis vingt ans.

Le type proteste :

– Mais je n'ai jamais dit que…

Elle ne le laisse pas terminer.

– Alors, c'est parce que notre réalisateur est handicapé ? Parce que notre assistante plateau est en fauteuil ? Ça vous gêne qu'ils entrent chez vous ?

– Pas du tout, qu'est-ce que vous allez…

– Vous avez des enfants, Monsieur ? Des petits-enfants, peut-être ?

---

2 un scénar *abrév de* scénario Drehbuch | **3 bouger** *ici : fam* partir | **3 coller le seum à qn** *fam* énerver qn | **8 un gars** [ga] *fam* un homme | **13 le boulot** *fam* le travail | **13 dégagez !** *fam* verschwindet von hier! | **25 une assistante plateau** une personne qui aide (le réalisateur, les acteurs, etc.) sur les lieux de *tournage* (Filmdreh) | **25 gêner qn** jdn stören

– J'ai juste des neveux, plus jeunes que vous, mais…

Lou continue, méthodique :

– Et la prochaine fois que vous les voyez, vous leur direz quoi ? « J'ai empêché des jeunes de tourner un film parce qu'ils avaient une sale tête » ou bien « J'ai aidé une équipe de collégiens à réaliser un super projet » ?

C'est l'enchaînement parfait. Le type a l'air sonné – elle l'achève d'un seul coup.

– Franchement, Monsieur, on a besoin de vous. Si on gagne ce concours, on va à New York… et ce sera grâce à vous.

Gros silence. C'est parfait… mais ça ne marchera pas. Pas avec un Mékanmêm de base.

Le type secoue la tête une nouvelle fois. Je commence déjà à partir, mécanique.

– Et… c'est quoi, alors, votre film ?

À travers la vitrine, je fais un signe à Vlad, pouce levé.

« *Ça roule, mon pote.* »

---

1 un neveu Neffe | 7 sonné, e *ici :* niedergeschlagen | 7 achever qn *ici :* jdm den Rest geben | 16 un pouce Daumen | 17 ça roule ! *fam* ça marche !

VLAD

Je les rejoins péniblement dans sa boutique.

Le type me regarde gêné : mais je ne vladiserai pas cette fois.

– Bon, c'est d'accord, les jeunes. Et bon courage, petit.

Lou me fait un signe pas très clair, mais qui doit vouloir dire « laisse tomber, ne réponds pas », alors je ferme ma bouche.

Le tournage peut commencer.

Lincoln et Darla boivent un café devant la machine. Ils discutent du chemin qu'ils vont prendre après, de l'endroit où le père de Lincoln voulait qu'on dépose ses cendres, un coin désert où il fut heureux, dans sa jeunesse. Je fais refaire la prise deux fois, Saïd bafouille un peu, Lou s'est trompée dans ses répliques. Je fais le job. Je suis directeur d'acteurs.

Le monsieur de la station-service est chouette : il nous aide à tenir le panneau où on a peint une vieille pompe à essence rouge, comme dans les tableaux d'Edward Hopper.

– C'est dans la boîte. Plus qu'une scène, on fera ça ce week-end, et ça sera parfait. À nous le festival !

On dépose Saïd à son entraînement de boxe française, et on rentre tous les deux, en passant par le lac. On est bien, là, à marcher sans rien dire. Elle pense, sans que je lui dise, à faire une pause de temps en temps, elle m'aide quand elle voit que j'en ai besoin. On s'assoit sur un banc, devant deux canards qui nous observent eux aussi.

– On dirait qu'ils nous trouvent drôles ! se marre Lou.

– Non, le gros dit à l'autre : nan, mais t'as vu la belle avec le mec tout tordu !

– C'est des cons ces canards, alors. Ils mériteraient que tu vladises un coup, pan sur le bec !

---

2 **péniblement** avec difficulté | 12 **bafouiller** ne pas parler clairement | 12 **une réplique** une réponse | 20 **un lac** See | 23 **un canard** Ente | 29 **pan !** batsch! | 29 **le bec** Schnabel

Lou pose sa tête sur mon épaule, et alors là, je le dis, les canards peuvent toujours se moquer, je m'en fous.

– On est bien, hein ?

– On est bien, oui, ma petite vieille.

– Je suis pas ta petite vieille, oh !

– Tu le seras, quand on aura fait toute notre vie ensemble, t'es ma future petite vieille, c'est tout.

Elle serre mon bras, elle se blottit.

Je baisse la tête, j'attrape son menton pour amener sa bouche vers la mienne. Ses lèvres ont le goût des réglisses achetés à la station-service, elles ont le goût de New York en hiver même si je ne connais pas.

Je sens que l'étreinte se desserre, Lou arrête ce baiser qui partait si bien.

– Non, on peut pas. On doit pas.

Je cherche quelque chose à dire, vite, trouver une phrase qui la fasse rester. Je suis le mec le plus lent de l'histoire : c'est trop tard, elle est partie.

Je ne la regarde pas, mon téléphone filme la scène pour moi : Lou devant la grille du parc, qui stoppe tout à coup. Elle reste, là, immobile, quoi, dix secondes, les dix secondes les plus bizarres de ma vie. Je me dis qu'elle va revenir. Et puis non, elle pousse la grille et court prendre un bus.

Les lèvres de Lou ont un goût auquel je n'ai pas droit.

*

Après une heure passée comme un pauvre type sur mon banc, je me décide à appeler ma mère, qui arrive très peu de temps après. Je n'ai rien besoin de raconter.

Je suis en vrac, elle connaît ça.

---

8 serrer *ici :* drücken | 8 se blottir sich kuscheln | 9 amener *ici :* bringen | 10 les lèvres *fpl* Lippen | 10 le goût Geschmack | 10 un réglisse Lakritze | 13 une étreinte Umarmung | 20 une grille *ici :* Gittertür

Elle me ramasse, me rassemble. On est déjà dans la voiture.

À la radio, une chanson d'Alex Beaupain qui tombe bien, qui tombe mal.

« Je coule et je coule, je perds pied, je me noie.

Faut tout refaire à l'intérieur de moi »[1], dit le garçon qui chante.

Maman coupe le son, la maline.

– Lou ?

– Oui.

– Tu veux me dire ?

– Un baiser, et puis plus rien. Je me sens vide.

– Des falafels au Libanais, comme quand tu étais petit, ça te dit mon chéri ?

– Tu veux me remplir ?

– Allez, on surmontera ça, ensemble, je te le promets.

Finalement, comme quand j'étais enfant et que j'avais mal, ma mère est là pour remettre les pièces du puzzle en place. Pas utile de réclamer mes tartines en forme de cœur.

Elle connaît tout de la douceur dont j'ai besoin.

---

1 **rassembler qn** *ici :* jdn wieder zusammenbringen | 2 **bien / mal tomber** gelegen / ungelegen kommen | 4 **couler** *ici :* untergehen | 4 **se noyer** ertrinken | 5 [1] **Note des auteurs :** « Je coule », chanson d'Alex Beaupain, dans l'album *Après moi, le déluge.* | 6 **malin, maligne** schlau | 10 **vide** leer | 13 **remplir** *ici :* voll füttern | 14 **surmonter qc** etw überwinden | 16 **(ce n'est) pas utile** es ist nicht nötig

FÉVRIER

FLACHARD

– Je me suis laissé dire que les tâches administratives avaient pris un certain retard, François ?

Flachard n'en revient pas. La première phrase que lâche Gardel après six mois d'absence est une vacherie.

– C'est-à-dire que… j'ai dû m'occuper de toutes les…

– Ce n'est pas un reproche, dit Gardel. Je comprends que vous ayez été débordé. Vous étiez seul, et le travail de principal demande un autre niveau de compétence.

Deuxième vacherie, encore plus immonde que la première. Flachard rougit. Gardel sourit, confortablement installé dans son grand fauteuil en cuir.

– Ne vous inquiétez pas, François, je suis en super forme, je vais reprendre les choses en main.

Et le principal déroule la liste de tout ce qu'il veut faire – ou plutôt, en réalité, ce qu'il veut faire faire par Flachard.

Décidément, Gardel ressemble à Charles Huxley, le directeur du lycée de Passion, Minnesota, où se déroule *Passion High School* : un tyran souriant dont l'unique plaisir est de manipuler ses subordonnés, et en particulier Ed Waters, l'adjoint dynamique qui a une liaison cachée avec Miss Carrie Balmain, la prof de littérature que les élèves adorent.
– Vous êtes d'accord, François ?

Le principal l'observe, sourcils froncés, comme s'il avait dû répéter sa question. Que Flachard n'a toujours pas entendue.

– Euh… oui, Monsieur. Parfaitement d'accord.

– Alors c'est entendu, vous vous occuperez de ça. Je préviens ma secrétaire, vous vous chargez de Madame Lapiot.

---

4 **ne pas en revenir** *expr* es nicht fassen können | 5 **une vacherie** *fam* Gemeinheit | 8 **débordé, e** überlastet | 10 **immonde** horrible | 12 **le cuir** Leder | 17 **décidément** also wirklich | 20 **un subordonné** Untergebener

Flachard hoche la tête. Depuis qu'il a abandonné les cravates pour porter des polos comme Ed Waters, Madame Lapiot le regarde différemment.

– En attendant, François, que diriez-vous de faire une petite visite de *mon* établissement, pour voir si tout va bien ?

Gardel, bien entendu, a appuyé sur le *mon*. Il se lève et s'élance hors de son bureau en faisant signe à Flachard de le suivre.

– Quel plaisir d'être de retour ! lance-t-il au passage ; il salue un agent et deux profs qui passent dans le couloir, avec de grandes exclamations.

Flachard trouve qu'il en fait trop. Gardel, comme Charles Huxley de *Passion High School*, prendrait-il en secret trop de médicaments antidépresseurs ? Quoi qu'il en soit, il repart d'un pas conquérant, tourne vers la salle des profs…

Et manque percuter Vladimir Duchamp de plein fouet.

Flachard pourrait éclater de rire en voyant l'expression déconfite sur le visage du principal, et la façon dont il se met à bafouiller :

– Eh bien… je suis déso… mais qu'est-ce qui…

Puis son visage s'éclaire :

– Ah, je comprends, ça doit être un de nos jeunes élèves de l'ULIS ! Bonjour, mon garçon, je suis Monsieur Gardel, le principal du collège.

– Je vous présente Vladimir Duchamp, intervient Flachard.

Gardel tend la main au garçon, et à nouveau Flachard doit se mordre les lèvres pour ne pas sourire – serrer la main de Vladimir Duchamp, avec sa canne et ses tremblements nerveux, est moins facile qu'il n'y paraît.

– Votre AVS n'est pas là ? demande Flachard, content de montrer à Gardel qu'il maîtrise bien mieux le fonctionnement de l'ULIS que lui.

---

13 **quoi qu'il en soit** wie dem auch sei | 13 **conquérant, e** eroberungslustig | 15 **percuter qn** gegen jdn prallen | 15 **de plein fouet** mit voller Wucht | 16 **déconfit, e** confus, gêné | 25 **se mordre les lèvres** *fpl* sich auf die Lippen beißen

– Elle est malade, M'sieur. Elle revient la semaine prochaine.

– Très bien, dit Flachard. Vladimir est un élément prometteur de notre ULIS, Monsieur Gardel. D'ailleurs, avec l'équipe enseignante, nous avons décidé de l'aider à réaliser un projet de court-métrage pour un concours de…

– Il n'y a plus de film, Monsieur, le coupe Vladimir Duchamp. J'ai arrêté. Ça ne marchait pas.

– Mais… comment… Madame Lapiot ne m'a pas…

– Ça avait pourtant l'air d'une excellente idée, Vladimir, fait Gardel. Vous avez peut-être manqué de soutien, tout simplement ? François, pourquoi est-ce que vous ne m'en avez pas parlé ? Vous le laissez abandonner ce projet en plein milieu ?

Et tandis qu'il donne des explications et des excuses aussi boiteuses que Vladimir Duchamp, Flachard pense que, décidément, le reste de l'année ne va pas être bonne du tout.

10 **le soutien** Unterstützung | 14 **boiteux, -euse** wackelig

MATHILDE

14 février.

Si je tenais un journal intime, je crois que j'écrirais « C'est la plus belle Saint-Valentin de ma vie. » D'accord, c'est ultra-tarte, mais j'assume. Ou alors, tiens : « Mathilde championne de l'amour. » Prétentieux, peut-être. N'empêche qu'en ce moment je me sens des ailes.

Je sais, on dit « je me sens pousser des ailes ». Sauf qu'aujourd'hui, j'ai l'impression que les fameuses ailes étaient là depuis toujours. Elle attendaient juste l'occasion de se déployer.

– Fais la pierre, Mathilde.

Avec joie, Sandrine. Regarde comme je fais bien la pierre amoureuse.

Amoureuse. Même ce mot prend un sens nouveau – surtout aujourd'hui. Je n'ai jamais aimé la Saint-Valentin. Tous ces cœurs, je détestais. Attendre un petit mot d'un amoureux secret, ce n'était pas mon genre. Et puis voilà que cette année… OK, ça reste ultra-kitsch, mais j'aime bien.

Je suis devenue *romantique*. Encore une phrase qui pourrait être dans mon journal intime. Si j'en avais un, donc.

Encore que, côté romantisme, c'était un peu spécial. Bon : il m'a embrassée. Il, c'est-à-dire le beau, le drôle, le sympa, le doux, le superman ultra normal et extraordinaire : MATHYS. Et je ne m'y attendais pas. J'en rêvais, d'accord, et pas qu'un peu. Mais je me disais que, comme tous mes autres rêves, ça ne se réaliserait jamais.

J'étais échevelée, en sueur, essoufflée, mon mascara avait tellement coulé que je ressemblais à un panda, et pire que tout je ne devais pas sentir très bon – bref, je terminais le cours de théâtre.

---

4 **ultra-tarte** *fam* très bête | 6 **prétentieux, -euse** überheblich | 6 **se sentir (pousser) des ailes** *expr* sich beflügelt fühlen | 10 **se déployer** sich ausbreiten | 11 **une pierre** Stein | 21 **encore que** *fam* quoique (obwohl) | 26 **échevelé, e** zerzaust | 26 **en sueur** *f* verschwitzt | 26 **essoufflé, e** außer Atem

J'étais dans le couloir avec les autres filles, à me rhabiller tant bien que mal….

Charles et Mathys, qui étaient allés se changer dans les toilettes des garçons, sont passés devant Yaëlle et moi. Ils se sont arrêtés pour me féliciter.

– Tu m'as donné la chair de poule, Math, a dit Charles.

J'ai dû rougir, mais de toute façon, j'étais déjà cramoisie.

Et puis…

Si j'avais un journal intime, je crois que je réécrirais la scène en détail pour m'en souvenir toute ma vie. Ou bien je la dessinerais. Mieux, j'en ferais un storyboard, comme pour le film de Vlad.

La façon dont Mathys souriait. Rejetait sa mèche en arrière, l'air un peu gêné, comme s'il cherchait du courage.

– Tu m'attends dehors, Charles ? Je te rejoins.

Je me suis soudain retrouvée seule face au beau Mathys …

– Tu sais, Mathilde, je voulais te dire…

Sa phrase est restée comme ça, suspendue, coupée en deux, un peu comme moi. Je me souviens qu'on entendait des trucs dehors – les pas de Charles dans l'escalier, une voiture qui passait sur l'avenue. Des cris d'enfants dans le parc.

Et puis il m'a embrassée.

C'était mon premier baiser. C'était chaud, c'était doux, c'était bizarre. Il était penché sur moi, et j'ai pensé qu'il allait avoir mal au dos. Aussi, j'ai pensé *Mathys et Mathilde, Mathys et Mathilde*, comme une petite chanson idiote qui tournait dans ma tête. Après, j'ai arrêté de penser.

Il a essayé de se mettre à genoux devant le fauteuil, sans que nos lèvres se séparent – c'était pas facile. À un moment, il a posé la main sur la roue de mon fauteuil et je suis partie en arrière. Bref, techniquement, c'était une catastrophe.

---

6 la chair de poule Gänsehaut | 7 cramoisi, e puterrot | 12 une mèche Strähne | 28 se séparer sich trennen | 29 en arrière nach hinten

Et c'était le moment le plus délicieux de ma vie.

J'ai envie de crier au monde entier que – pour la première fois – Mathilde B. est une fille heureuse.

C'est pour ça qu'en voyant Vlad et sa tête toute triste, je freine et je me gare à côté de lui et d'Irène. J'entends la fin de leur conversation.

– Attends qu'elle revienne vers toi, ne la colle pas. Laisse-la respirer un peu.

– Et si elle ne revient pas ?

– Alors là, on peut prendre les paris, elle reviendra.

Je sais de quoi ils parlent. Pas difficile, je suis devenue experte en amour, non ? Et puis facile de voir que Vlad, le beau Vlad (mais quand même un peu moins beau que le superbe, *mon* superbe Mathys, d'accord ?), ne va pas bien du tout.

Je ne sais pas ce qui s'est passé entre Lou et lui, mais tout a changé en quelques jours. Juste après le week-end où on a tourné dans la station-service.

– Plus que deux petites scènes à tourner, a annoncé Vlad à l'équipe. Lincoln qui répand les cendres de son père dans le désert, et puis la scène où Darla décide de changer sa route et de rester avec lui. On finit le tournage le week-end prochain, samedi et dimanche. Ensuite, on s'occupera du montage avec Saïd.

Super programme… sauf qu'au milieu de la semaine, on a tous reçu un SMS qui disait *Tournage annulé – conditions météo défavorables*. Et quand on lui a posé la question au collège, Vlad n'avait visiblement pas envie d'en parler plus.

Conditions météo, tu parles. Avis de grand froid sur les cœurs, oui.

Pauvre Vlad. J'ai envie de lui dire que j'ai été à sa place – amoureuse de quelqu'un qui ne me voyait pas. Mais pas sûr que

---

4 **freiner** bremsen | 5 **se garer** parken | 10 **un pari** Wette | 19 **répandre** streuen | 22 **un montage** *ici :* Schnitt | 27 **un avis** *ici :* Benachrichtigung

ça l'aiderait. Alors, au lieu de ça, je lui demande le cours que j'ai raté ce matin.

– On va aller le photocopier, propose Irène.

Je lance :

– Le dernier arrivé est un handicapé !

Et on fait la course jusqu'à la salle de repro. Il ne m'a jamais battue à ce jeu-là. Je fais vrombir les roues de mon fauteuil, et il manque tomber en essayant de me doubler.

– Toujours ton problème d'équilibre, Vlad ? Tu fais ta rééduc ?

– Oui, enfin, en ce moment, avec le projet de film et tout ça, j'ai laissé passé deux-trois séances de kiné. Je sais, c'est mal…

– Tu te rattraperas. Mais le film, où ça en est, finalement ?

Il regarde ailleurs.

– C'est… trop tard. On n'a pas fini le tournage, il faudrait des jours et des jours pour monter ce qu'on a, et la date limite, c'est mardi prochain. De toute façon, c'était une mauvaise idée…

Comme pour stopper la conversation, il se tourne vers Irène, penchée sur la photocopieuse. J'insiste :

– Tu es sûr, Vlad ? C'est dommage. On était avec toi, tu sais. Si tu as besoin d'aide, tu demandes.

Il va répondre, mais soudain son expression change et il se retourne vers moi. En regardant derrière lui, je comprends pourquoi. Au bout du couloir, en face de la salle de repro, il y a Lou, qui nous regarde. Et le beau Vlad ne veut pas la voir.

– Qu'est-ce qu'elle a, ta blonde ?

– Qui, Lou ? Je sais pas, on se parle pas trop en ce moment.

– En tout cas, depuis tout à l'heure, elle te mate.

Il me tend son portable.

– C'est vrai ? Filme-la discrètement, s'il te plaît.

Je prends l'appareil :

7 **vrombir** brummen | 8 **doubler qn** jdn überholen | 9 **la rééduc** *abrév de* **rééducation** *ici :* Rehabilitation | 11 **la kiné** *abrév de* **kinésithérapie** *ici :* Krankengymnastik | 12 **se rattraper** nachholen | 27 **mater qn** *fam* regarder qn

– Pousse-toi vers la droite, Vlad, je vais faire comme si je te prenais en photo. T'es fou d'elle c'est ça ?

– Non, pas fou. Pire. Tu vas me dire que j'ai aucune chance, toi aussi ?

Je secoue la tête, un gros morceau de joie dans le cœur.

– Jamais je dirai ça, Vlad. Tu sais que je sors avec Mathys, le mec qui est avec moi au cours de théâtre ? Alors, tu vois, on se défend pas mal, les tordus, on est les rois du love, personne nous résiste !

Et je roule vers le cours d'anglais.

VLAD

La vie sans Lou.

À quoi ça ressemble ? À l'idée que je me fais du vide et de l'ennui mortel. Après la balade au parc et le baiser si doux, c'est comme si après m'avoir promis une tartiflette géante (mon plat préféré), on me servait gentiment deux endives cuites à l'eau. La vie sans sel, la vie sans goût, la vie sans Lou.

Elle m'ignore. J'ai parfois la sensation violente d'être devenu transparent. Ça me change, moi qu'on observe souvent comme une bête de foire. Elle me dit bonjour le matin, de loin, et passe près de moi dans la journée sans me parler. Elle ne m'a plus jamais envoyé aucun SMS, aucun mail, aucun message Facebook, je suis banni.

Mais je m'en fous, enfin je dis que je m'en fous pour me mettre à y croire moi-même. Technique ridicule, et qui, j'avoue, ne fonctionne pas du tout.

À la récré de 10 heures, je suis resté avec Saïd et les jumelles. Morgan, Paul et Lou discutaient dans leur coin, des cahiers à la main. Le brevet blanc approche à grands pas, il y a plein d'élèves de troisième qui révisent en récré, au CDI ou sur le temps de cantine. Moi, faudra bien que je m'y mette sérieusement.

Ce matin, j'ai ma Monique à poils, ma canne rigolote du Mardi gras.

– Encore une autre, Vlad ? Tu nous fais un vrai festival de cannes, en fait ! me lance Saïd, tout content de sa bonne blague cinématographique.

– Celle-là, c'est pour les jours de fête !

– Tu fêtes quoi ?

---

5 une tartiflette une spécialité à base de pommes de terre et de fromage | 6 une endive Chicorée | 10 une bête de foire Zirkusattraktion | 13 bannir verbannen | 22 un poil Haar | 22 Mardi gras Faschingsdienstag

– Rien, justement. La journée était mal partie. C'était pour défier le destin.

– Ça a l'air de marcher, regarde voilà Lou.

Lou arrive vers nous, elle claque la bise aux jumelles, fait son check avec Saïd et se plante devant moi avec un maigre « Salut ça va ? » sans écouter ma réponse. Je me noie, je coule, la chanson d'Alex Beaupain me revient.

N'empêche, grâce à la discussion avec ma copine gothique à roulette, je vais mieux. Une fée, cette Mathilde. J'affronte de la manière la plus zen qui soit le repas à la cantine. Lou ne me regarde plus, collée à Morgan. Il me fait quand même un petit signe de la main, avec un clin d'œil, genre « T'as vu, c'est près de moi qu'elle est venue s'asseoir ! ». Je reprends une bouchée de gratin d'épinards, la vie est belle, traitons ce croche-tronche comme il le mérite : par le mépris.

Saïd me rejoint pour m'aider à rapporter mon plateau.

– Vlad, cellule de crise samedi matin chez toi. On a la scène des cendres à tourner avec Lou, tu te rappelles ?

– C'est fini, Saïd, je te l'ai dit.

– Mais pourquoi ?

– On s'évite un peu avec Lou depuis que… Je te raconte samedi matin, OK ? Et merci pour le plateau.

– De rien. Et fais ce que ta mère te dit toujours : remonte-moi cette mèche, on voit pas tes yeux, beau gosse.

*

Je rentre de chez Papy en bus. Une dame m'a laissé sa place assise. J'accroche Monique à mon genou, et je mets mon casque.

---

2 défier le destin dem Schicksal die Stirn bieten | 14 les épinards *mpl* Spinat | 14 un croche-tronche *fam ici :* Spielverderber

Fauve à fond entre les oreilles, je ne me sens pas si mal, reptile normal qui prend le soleil sur son rocher, immobile.

Le bus avance doucement, il y a un peu de circulation.

C'est alors que je le vois. Morgan sur le trottoir, devant un cinéma. Je me dis que je n'ai pas de chance, tomber sur lui un samedi, pas de répit. Je n'arrive pas à décrocher mon regard de cet encombrant rival, ça me tord le bide. Il attend dans la file, il parle à quelqu'un. J'imagine Lou, s'endormant dans ses bras devant un mauvais film. J'imagine et puis le bus passe enfin, et ce quelqu'un n'est pas Lou. Pas Lou du tout.

Le feu est vert, le bus traverse le carrefour.

Les Kooks me balancent *Junk of the Heart* dans les oreilles, et je monte un peu le son.

Comme un clip que je tourne dans ma tête, je me refais le film de ce que je viens de voir.

Morgan, et une fille à queue de cheval, une fille qui n'est pas Lou, sa main dans la sienne. Morgan qui se penche et l'embrasse dans le cou. Morgan embrasse dans le cou une fille qui sourit mais qui n'est pas Lou, pas Lou du tout.

*

Cellule de crise. Ben ouais, faut bien. On manque de temps pour finir le film, j'hésite à poursuivre l'aventure…

Alors avec Saïd, on visionne les scènes déjà tournées, petite séance de montage improvisée dans ma chambre, petite séance de remontage de moral au passage. Saïd dans ses œuvres, un ami.

Sur l'écran, Lou, Lou partout, sur un banc, debout devant une grille, de loin, dans la cour. Lou, cheveux au vent.

---

1 **Fauve** *un groupe de musique* | 6 **un répit** une pause | 7 **encombrant, e** qui prend de la place | 7 **qc me tord le bide** *fam* ça me fait mal au ventre | 11 **un feu** *ici :* Ampel | 16 **une queue de cheval** Pferdeschwanz | 21 **une cellule de crise** Krisenstab | 25 **remonter le moral à qn** jdm wieder Mut machen

Au moment où j'allais dire « on arrête tout », Saïd a dit :

– J'ai une idée, Vladimir Duchamp. Tu la tiens, ta sélection.

Et j'écoute mon ami, petit boxeur de compèt, m'expliquer ce qu'il a en tête, son idée. Et sur un plateau, il m'apporte une bonne dose d'espoir, avec New York à l'horizon.

Ça me fait oublier Morgan trompant Lou dans la file d'attente d'un cinéma et les mille questions que je me pose : est-ce qu'elle le sait ? Sinon, est-ce que je dois lui dire ? Est-ce que, si je lui dis, elle m'en voudra, à moi plutôt qu'à lui, comme quand on en veut au messager de la mauvaise nouvelle ?

J'attends demain avec impatience, j'ai envie de la jouer, cette partie. J'ai une super carte dans mon jeu.

4 **sur un plateau** *expr* auf einem silbernen Tablett | 6 **tromper qn** jdn betrügen

MARS

DYLAN

Vlad c'est mon copain.

On dit pote en sixième, mais c'est pareil que copain. Le jeudi matin il m'aide aux devoirs. Pour moi c'est difficile mais Vlad il explique bien. Et il est rigolo.

Mais ce matin, il a pas l'air très rigolo. Ça fait deux fois qu'il lit le même exercice de maths sans pouvoir m'expliquer. Je lui demande :

– À quoi tu penses Vlad ?

Il a l'air surpris.

– À rien, Dylan, pardon. Bon, le périmètre d'un rectangle…

– C'est parce que Lou elle t'aime plus ?

Alors là il a l'air tout surpris.

– Qu'est-ce que tu racontes, toi ? Qui t'a parlé de Lou ?

Je rigole.

– Ça se voit que vous êtes amoureux. Vous vous regardez tout le temps.

– Elle me regarde pas, Dylan.

– Si, quand toi tu regardes pas. Et pis même, elle te trouve gentil. Elle veut se marier avec toi.

Ça, je sais pas vraiment, mais au moins Vlad ça le fait rire.

– Ça va un peu vite, non ? Et de toute façon, Lou, elle est avec Morgan.

– Et alors ? Fais-lui la bagarre, à Morgan. Après, il te laissera Lou.

– C'est toi qui parles de faire la bagarre, Dylan ? Je croyais que tu détestais ça.

Il a raison. J'aime pas quand les autres élèves font la bagarre. Heureusement personne m'embête, parce que les profs ils ont dit

---

11 **un périmètre** Umfang | 19 **Et pis** *fam* **et puis même** und dazu | 24 **une bagarre** un combat

qu'il fallait pas. Et Saïd, aussi, qui est le pote de mon pote Vlad alors c'est mon pote aussi.

– Ben alors, tu lui dis que toi tu aimes Lou et qu'il faut qu'il vous laisse. Et puis tu dis à Lou que tu l'aimes et elle t'aime aussi, et tout va bien.

Là, Vlad il répond rien. De nouveau, il regarde par la fenêtre. Il pense plus au périmètre de mon rectangle. Au bout d'un moment, je le secoue par le bras.

– Oh, Vlad, tu me dis comment je compte ?

Il souffle avec sa bouche.

– Ouais, pardon… donc, le périmètre, c'est…

Et il m'explique plusieurs fois. Au bout d'un moment comme je comprends pas, il pose sa règle sur le côté de la table, puis il prend les règles des deux autres garçons de l'ULIS qui sont avec nous, et il nous montre que la table c'est comme un rectangle et que le périmètre c'est comme le tour, alors faut compter combien on a de règles. Après, ça s'embrouille parce qu'il faut aussi compter les centimètres, mais quand même j'y arrive. Je suis content ; au collège, j'arrive bien à compter, ça me rend heureux.

– Et dans ton film, je pourrai jouer ? je demande quand l'heure d'étude est finie.

Il me regarde sans rien dire, puis il sourit.

– Pourquoi pas ? On tourne une scène ce week-end, la dernière. Si tes parents sont d'accord, tu peux venir. Peut-être même que tu joueras, d'accord ?

J'ai envie de crier parce que je suis heureux, mais ça aussi j'ai appris à pas le faire à l'ULIS. Quand même, j'ai hâte que ça sonne parce que dans la cour, je crois que je vais crier très fort.

17 s'embrouiller *ici :* devenir confus | 27 avoir °hâte es eilig haben

MATHILDE

– Donc, pour t'expliquer, Darla vient de jeter les cendres du père de Lincoln dans le désert. Elle doit repartir chez elle, mais non. Elle décide de rester avec Lincoln. Tu comprends ?

Je hoche la tête :

– Jusque-là, oui.

– Bon, évidemment, là où ça se complique, c'est qu'on ne doit pas voir ton visage. À cause des raccords avec Lou.

Je ne dis rien – je sens que ce n'est pas le moment de lui demander pourquoi il n'est pas allé chercher sa jolie blonde pour ces scènes-là.

– Et, pareil, ça va être compliqué de te filmer debout, quand tu te rapproches de la voiture…

L'idée qui me traverse à cet instant-là, c'est qu'au début de l'année, cette phrase m'aurait mise hors de moi. Qu'on me fasse remarquer mon handicap, qu'on souligne que j'étais incapable de quelque chose…

Mais tout a changé. D'accord, il y a plein de trucs dont je serai toujours incapable. Et alors ? Qui a besoin de courir un 100 mètres quand on peut rouler super vite sur son fauteuil (parce que, oui, c'est décidé, je vais me mettre à l'athlétisme) ? Qui a besoin de montrer ses jambes quand on peut faire rêver un mec – un mec superbe comme Mathys, par exemple – simplement en récitant une tirade ? Bref, je commence à me voir comme je suis, avec mes limites et mes qualités, qui me définissent les unes et les autres.

Vlad finit ses explications pas claires, et je reprends :

– Donc, tu veux que je fasse quoi, exactement ? J'entre dans la voiture, je me tourne vers lui, je lui prends la main ? Tout ça sans parler ?

---

8 un raccord *ici :* Übergang | 15 mettre qn °hors de lui/d'elle énerver qn

– C'est ça. Et il faudrait que…

Il rougit un peu, se tait. Je souris. J'ai bien compris ce qu'il n'ose pas me dire.

– Il faudrait que je ressemble à Lou, c'est ça ?

Il hoche la tête.

– Tu crois que c'est possible ?

Possible ? Tu rigoles, mon pote. Si je peux jouer une pierre en colère, je peux jouer une Lou amoureuse, non ?

Et tant pis si ce n'est pas moi la vedette, tant pis si on ne verra pas mon visage sur l'écran. Sur le petit parking au bord de l'autoroute, tout le monde est là : Saïd, Théa et Charlie, la mère de Vlad, et même Dylan, de l'ULIS. Surtout, il y a Mathys qui me regarde – et son regard vaut toutes les caméras du monde.

– Action ! crie Vlad dans son mégaphone en carton.

Et je deviens actrice de cinéma.

---

2 oser sich trauen | 9 tant pis si… ça ne fait rien si… | 9 une vedette une star | 13 valoir qc etwas wert sein

VLAD

Hier soir avec Saïd, on a terminé le film. On doit le déposer à midi, dernier délai. Ça sera juste, on va partir vite du collège à 11 h 30, sur son scooter.

– Vlad ?

Théa m'attend dans le couloir.

– Tu as vu Lou aujourd'hui ? me demande-t-elle.

– Non, tu sais, on ne se parle plus trop…

– Oui, justement, tu devrais essayer de…

– C'est pas à moi de faire le premier pas, et puis tu n'es pas au courant de tout, Théa.

– Vlad, parle-lui, je t'assure.

– OK, on verra ça, mais là, je suis occupé.

Si Théa savait ce que j'ai vu l'autre jour, Morgan et la fille-qui-n'est-pas-Lou, elle n'oserait pas me demander d'aller lui parler.

La sonnerie de 11 h 30 retentit. Je laisse tout le monde, Irène et les autres. Saïd doit déjà m'attendre dehors, sur son bolide.

Je le rejoins. Sur le chemin, je croise Morgan que j'essaie d'éviter mais qui, lui, veut parler, justement.

– Salut Vlad. Alors, heureux ?

Je me demande si le gars ne se moque pas de moi, à tout hasard. Heureux de quoi ? Heureux d'être en apnée depuis qu'a commencé ma vie sans Lou, à cause de lui ? Heureux de finir sans elle un film commencé avec elle ? Heureux de savoir qu'il va la rendre malheureuse ?

– Heureux ? Euh… pressé surtout, le dépôt des films est pour ce midi. On y va avec Saïd, il m'attend.

– Ouais, bon, tant pis, je voulais parler avec toi, parler de Lou.

– Une autre fois !

---

11 **être au courant** auf dem Laufenden sein | 17 **un bolide** Rennwagen (bzw. -roller) | 22 **l'apnée** *f* Atemstillstand

*

Saïd, un casque sur le front, un autre en main, m'accueille d'un : « Tu le fais exprès ? Encore plus lent que d'habitude, mon pote ! »

Irène est là, postée près de lui.

– J'ai croisé Morgan, j'explique. Désolé ! Irène ? Qu'est-ce que tu fais là ? T'es passée par où ?

– On a tout organisé. Tu ne peux pas grimper derrière moi sans son aide, me lance Saïd.

– Oui, Vladimir, approuve Irène. AVS, c'est ça aussi. Il y avait une option courte échelle à ma formation, laisse-toi faire ! me dit Irène.

Une chose est sûre : si ça ne donne rien, si mon film n'est pas retenu, ou finit quatrième, si jamais on ne part jamais à New York, j'aurai gagné des amis, des gens sur qui compter.

On est partis. On vole, enfin je crois. On y sera à temps.

J'ai une peur bleue, je m'accroche comme je peux.

Mais à l'arrière du scooter de Saïd, tout près du rêve, pas une fois je ne perds l'équilibre. Je l'ai trouvé.

*

– T'as vu le freinage de ouf, Vlad ! lance Saïd, tout content de son arrivée devant la salle de cinéma qui accueille le festival.

Là, très fort, il m'attrape dans ses bras de boxeur et me dépose par terre, comme si j'étais très précieux.

– Donne-moi le film. T'as mis quoi, finalement, comme titre ?

– *L'équilibre selon moi.*

– C'est vachement bien. Tu vas les avoir. À toi l'Amérique !

Il court, je le vois déposer le paquet à l'accueil, signer un registre. Il ressort du bâtiment les bras levés, un champion, un grand, un géant. Avec lui, il y a un gars de la sécurité.

« Merde, je me dis, qu'est-ce qu'il nous veut le molosse ? »

---

3 **faire qc exprès** etw absichtlich tun | 10 **la courte échelle** Räuberleiter | 13 **retenir** *ici :* auswählen | 16 **avoir une peur bleue** avoir très peur | 20 **un freinage** → freiner p. 83 | 23 **précieux, -euse** wertvoll | 30 **un molosse** un gros chien qui garde / protège une maison

– C'est lui que je dois porter ? demande-t-il.

– Oui, c'est lui. Vlad, je te présente Omar. N'aie pas peur, tu fais une de ces têtes !

Saïd démarre son scooter, et me voilà en l'air, porté dans les bras d'un Omar que je ne connaissais pas il y a trente secondes. Il me pose derrière Saïd.

Une aventure, ce festival !

*

De retour au collège, on va voir les autres qui nous attendent dehors, dans la cour.

Charlie et Théa nous font plein de bisous, en répétant « Bravo, bravo !

– Alors, c'est quand les résultats ?

– D'ici deux semaines ! On a le temps de flipper sévère, répond Saïd.

Lou n'est pas là, Morgan non plus. Je les imagine, roucoulant dans une des salles de bio, et ça me gâche une partie de la joie d'avoir déposé le film à temps pour participer au concours.

Plus tard, en attendant mon bus, je vois passer une voiture, Lou est à la place du passager, à côté de son père. Elle me fait un petit signe de la main, et continue à me regarder en tournant la tête. Je lui fais un signe aussi, en agitant Monique.

Son SMS arrive tout de suite après :

On se reparlera, un jour ?

Je réponds tout de suite :

À toi de voir, ma petite vieille !
À demain.

---

4 démarrer *ici :* anlassen | 4 en l'air *m* in der Luft | 14 flipper sévère *fam* avoir très peur | 16 roucouler *ici :* turteln | 17 gâcher qc etw verderben

SAÏD

Au début, on était un petit groupe dans le jardin japonais – Vlad, Mathilde et ses copains du théâtre, les jumelles, Dylan de l'ULIS… et puis ils se sont éloignés *par hasard*, soi-disant pour aller chercher des gaufres au stand, parce que Dylan avait faim. Et, *par hasard*, Charlie a dit à Théa de rester là pour garder notre banc, et *par hasard* les théâtreux avaient un truc à faire et *par hasard* Dylan voulait que Vlad l'accompagne.

Bref, par hasard je me retrouve comme un con, perché sur un banc à côté de Théa, belle comme le soleil, et douce, et intelligente – et je n'ai pas la moindre idée de ce que je pourrais lui dire. Ça fait une grosse boule dans ma gorge, j'ai jamais senti ça, même la première fois que je suis monté sur un ring.

Finalement, je lâche :

– Alundeissi.

Elle me regarde d'un air surpris :

– Ça veut dire quoi ?

– Ça veut dire… C'est… une langue spéciale… avec un seul mot. Un mot tout court, tout simple, pour dire à côté de toi je me sens bien, en même temps tout *retourné et tout calme.* Et *j'aimerais qu'on reste comme ça longtemps, longtemps, parce que je ne sais pas quoi dire ni quoi faire, mais que je ne veux pas que ça s'arrête, jamais.* Et le même mot voudrait dire *quand je suis avec toi j'ai envie de changer pour te plaire, mais pas changer-changer, je veux rester moi-même et te plaire comme ça, juste changer les trucs que je fais pour éloigner les autres quand ils se rapprochent trop, parce qu'avec toi pas besoin, tu ne seras jamais trop près de moi.* Et puis aussi *maintenant que j'ai dit tout ça je suis comme un con si tu t'en vas, mais tant pis parce que si j'avais tout gardé sur le cœur je crois que j'en aurais crevé.*

---

4 s'éloigner aller plus loin | 4 par hasard zufällig | 5 une gaufre Waffel | 9 perché, e *ici :* assis | 12 avoir une boule dans la gorge einen Kloß im Hals haben | 20 retourné, e *ici :* aufgewühlt | 29 crever *fam* mourir

Ça fait une sacrée phrase à sortir – ça vient tout seul, comme ça, comme quand on se met à courir et qu'on a du mal à respirer au début mais qu'ensuite on trouve le rythme. Je termine assis sur le banc, à côté d'elle, mais la tête tournée vers la fontaine parce que je n'ai quand même pas le courage de la regarder en face.

Et puis il y a sa main qui se pose sur mon épaule, sa voix toute douce, tout près de mon oreille, qui souffle :

– *Ekri-tian, Saïd. Ekri-tian.*

Je ne sais pas ce que ça veut dire, mais je comprends qu'on va avoir le temps de chercher ensemble. Et que ce sera très bien.

Des trucs beaucoup plus difficiles qu'un assaut de boxe, ça existe. Et ça peut rapporter beaucoup plus de bonheur.

---

11 **un assaut** une attaque

VLAD

Il y a, dans la vie, des moments parfaits, de ceux qu'on voudrait garder au chaud pour plus tard.

Il y a eu l'anniversaire de mes huit ans, j'avais reçu une console de jeux de dingue.

Il y a eu le baiser de Lou sur le banc.

Il y a eu la course en scooter avec Saïd.

Et il y a eu hier.

Seize jours que j'avais déposé le film, toujours pas de réponse. J'étais sûr que c'était fichu. Je me disais « Voilà, ils ont rigolé en voyant mon truc, et ils vont me donner le prix du micro-film le plus minable de l'histoire du micro-film. »

Seize jours bien remplis, avec du stress, des révisions pour le brevet, le retour des sourires de Lou. On a moins vu Morgan, Lou dit qu'il révise, il veut aller dans un bon lycée. Ils doivent se rencontrer en dehors du collège, et se faire discrets devant moi, à la demande de Lou. Par pitié, à mon avis. Mais bon, elle est là, à nouveau près de moi. J'ai parfois l'impression qu'elle veut me dire quelque chose mais qu'elle se retient.

Donc hier, après seize jours comme ça, j'ai reçu la lettre du festival. Ma mère me l'a apportée au collège, carrément. Je l'ai vue arriver dans la cour, la lettre à la main. Elle a couru, et me l'a tendue.

– Tiens, ouvre. Donne ta canne.

Théa, Charlie, Lou et Saïd sont venus vers moi.

En tremblant, mais sans vaciller, j'ai ouvert l'enveloppe : *Nous avons le plaisir de vous annoncer que votre micro-film a été retenu par le jury. Il sera donc en compétition lors du festival qui aura lieu…*

– On l'a fait ! On l'a fait ! a crié Saïd.

---

5 **de dingue** *fam* Wahnsinns- | 10 **fichu, e** *fam* futsch | 12 **minable** nul | 13 **rempli, e** voll | 19 **se retenir** sich zurückhalten | 21 **carrément** *fam* glatt, einfach | 26 **vaciller** schwanken

– Tu te rends compte, Vlad ? C'est merveilleux. Je suis fière de toi, mon grand. Remonte ta mèche, on ne voit pas tes yeux heureux, a dit Maman, avant de repartir à la maison.

On est restés tous là, contents. Saïd m'a pris Monique des mains et m'a soulevé de terre.

– Bientôt, avec un peu de chance, il te faudra une canne en or… pour New York !

Il y a, dans la vie, des moments parfaits.

---

6 l'or *m* Gold

AVRIL

VLAD

Aujourd'hui, c'est le grand jour. Les six films sélectionnés sont projetés au Prisme, la salle de ciné, et les résultats du concours seront annoncés juste après. Je n'ai plus peur et je suis prêt.

J'ai rendez-vous avec Saïd devant le cinéma. Il est déjà là, un Saïd sur son trente-et-un, jean noir et Converse propres. La classe. Il a une canne à la main, qu'il me tend.

– On y est, Vlad, on y est. Ça c'est pour toi, je t'avais dit qu'il te fallait une canne en or, la voilà !

J'ai dans les mains la plus belle Monique de tous les temps, entièrement décorée à la peinture dorée. J'ai dans ma vie le meilleur pote possible.

– Tiens, regarde qui arrive ! sourit Saïd, qui sait très bien que j'allais sans doute me mettre à pleurer, et qui préfère changer de sujet.

Je me retourne et je vois les jumelles sautiller vers nous.

– Ça va les mecs ? Pas trop peur ? lance Théa.

– On maîtrise. Et depuis que t'es là, ça va encore mieux, répond Saïd qui la mange du regard.

– Eh ben, t'es en forme, toi. Tiens, un SMS de Lou : elle nous rejoint dans cinq minutes, nous dit Théa en refermant son portable.

Je demande :

– Elle est toute seule ? Morgan ne vient pas ?

– Morgan ? Mais t'es au courant quand même ? Elle l'a quitté il y a un moment. Il se console dans les bras d'une blonde du collège Aragon, m'annonce Charlie.

Je suis sonné.

– C'était ça que je cherchais à te dire, tu sais, ajoute Théa.

Muet, je m'accroche à la Monique des grands jours.

---

6 sur son trente-et-un *expr* herausgeputzt | 16 sautiller hüpfen | 18 maîtriser *ici :* contrôler la situation | 29 muet qui ne peut pas parler

– J'avais vu Morgan avec cette meuf, un jour au ciné…

– Pourquoi t'en as pas parlé ?

– Je ne voulais pas faire souffrir Lou…

– C'est elle qui l'a quitté, c'est lui qui a morflé. Et ensuite, elle a…

Charlie est interrompue en pleine phrase par Lou, qui fait son entrée dans notre petit cercle.

– Me voilà les jeunes ! Waouh, extra, ta canne, Vlad ! dit-elle en faisant les trois bises rituelles à chacun.

Arrivée devant moi, Lou m'offre un « Salut petit vieux » qui claque comme un cadeau.

Je reçois alors un SMS adorable de mon père qui m'encourage. Il est en voyage pour le boulot mais verra tout ça en rentrant. *Bon courage fils, je suis fier de toi de toute façon* !

Débarquent ensuite ma mère, et puis Papy Marcel et Simone, Irène, Monsieur Flachard en personne, presque tous mes profs, les pions du collège, je crois que tout le monde est là, je souris, je suis bien, je suis fier.

On a nos places réservées devant, comme tous les autres participants du festival.

J'entends dans mon dos les gens s'installer, ça papote, ça rigole.

– Tu imagines, si tu gagnes ? Tu vas pouvoir emmener Lou, une sorte de voyage de noces avant l'heure, quoi.

– Je ferai d'autres voyages avec elle, si tout se passe bien.

– Ça se passera bien, crois-moi. Elle est mordue de toi. Je le sais. Et après la projection, elle va te tomber dans les bras.

– On va se vautrer en beauté alors, je tiens déjà à peine sur mes jambes !

– Tu gardes ton humour, mec, c'est cool.

---

1 une meuf *fam* une fille | 4 morfler *fam* souffrir | 15 débarquer *ici : fam* arriver | 17 un pion *ici : fam* Aufpasser | 21 papoter *fam* discuter | 23 un voyage de noces *fpl* Hochzeitsreise | 25 être mordu, e de qn *fam* adorer qn | 27 se vautrer *fam* tomber

– Mais le voyage à New York, c'est avec toi que je veux le faire. T'as été là tout le temps, tu m'as porté, dans tous les sens du terme, tu ne m'as pas lâché, pas une fois. On était deux depuis le début du truc, on reste deux. Elle comprendra.

Saïd est sonné. Je l'ai mis K.-O., le boxeur.

Les lumières s'éteignent.

On y est, cette fois. Je prends une grande inspiration, je serre les poings.

L'équilibre selon moi sera projeté en dernier. Les autres films sont parfois très marrants (un remake de *Star Wars* en Playmobil me fait pleurer de rire), parfois émouvants, une histoire d'amour en accéléré, excellente idée, je m'incline.

– Le niveau est bon, non ? chuchote Saïd.

– Ouais, ça va être dur.

Les films durent tous entre deux et quatre minutes, et à chaque fois, je trouve que c'est réussi.

J'entends les trois premières notes de musique du générique de notre film.

– C'est nous ! je dis.

Et puis voilà notre film sur écran géant, émotion grand format.

On suit le road-movie, la rencontre, les silences et la musique en voiture, quelques discussions, la scène de la station-service. Les panneaux qui défilent font rire le public.

Lincoln est debout dans le désert, il ouvre l'urne, baisse la tête. Gros plan sur une main qui vient prendre la sienne. L'absence de Lou ne se voit pas, ça fonctionne. Darla est là.

Ensuite, Lincoln remonte en voiture. J'ai filmé de dos, on voit une silhouette aux cheveux longs (Mathilde en doublure cascade), assise à la place du passager.

---

7 serrer les poings *mpl* die Fäuste ballen | 11 émouvant, e ergreifend | 12 en accéléré im Zeitraffer | 12 s'incliner sich (aus Respekt) verbeugen *(ici : fig)* | 13 chuchoter parler à voix basse | 17 le générique (du début) Vorspann | 28 une doublure Double, une doublure cascade Stunt

Et puis, pour la fin, l'idée de Saïd : Lou en 16/9e.

Toutes mes images prises de Lou bout à bout, tremblantes, filmées super vite.

Lou qui disparaît dans l'ascenseur, Lou immobile, mais qui repart et franchit la grille du parc, Lou qui se fait un chignon avec un crayon à papier, le rire de Lou, le vent dans les cheveux de Lou, Lou floue qui regarde dans ma direction, en récré, Lou de dos, Lou, Lou, Lou, les yeux de Lou, Lou qui fait tourner ma canne, petit Charlot sans moustache, Lou à la station-service en plein fou rire avec Saïd, au volant de la voiture, l'Amérique en carton défilant derrière elle, Lou qui approche, approche encore, son visage en gros plan, son nez, sa bouche qui vient embrasser l'écran de mon téléphone.

Un baiser en grand sur l'écran du cinéma. La réalité rejoint la fiction. Trois minutes et douze secondes. Je suis toujours dans le film, écrasé par l'émotion.

Générique de fin.

« Film réalisé par Vladimir Duchamp sur une idée de Saïd Merhad… »

I want you de Bob Dylan.

Les noms défilent, ceux de tous les potes qui nous ont aidés, mais je finis par les voir flous, je pleure…

Les lumières se rallument.

Il y a ce bruit étrange, du mouvement dans mon dos. Des gens se sont levés, on ne peut pas parler d'une standing ovation, ça y ressemble un peu quand même. Toute la salle n'est pas debout, faut pas pousser non plus. Saïd est au fond de son fauteuil, on sera bientôt les deux seuls à rester assis.

---

2 (mis) bout à bout (mis) les un(e)s après les autres | 7 flou, e verschwommen | 27 pousser *ici :* exagérer (übertreiben)

Je me retourne à peine, je les vois, tous ceux qui m'aiment. Ils applaudissent de toutes leurs forces, Papy Marcel siffle comme à un match de foot, Théa et Charlie ont grimpé sur leurs sièges et hurlent « Vous êtes les meilleurs ! », ma mère pleure et pleure encore en m'envoyant des baisers soufflés. Je cherche Lou mais je ne la vois pas. Elle est peut-être partie.

– Elle est fâchée tu crois ?

– Profite, mec !

Le président du jury se présente sur scène et annonce les résultats. Quoi qu'il arrive, j'ai déjà gagné, j'ai gagné de l'émotion comme jamais.

Il donne les noms des gagnants, mais je croyais que c'était la liste des nominés, alors je ne comprends rien, Saïd me saute dessus.

– On l'a ! C'est nous ! New York !

On va tomber, je le sens, c'est un hasard si je suis toujours debout, bonheur intersidéral.

On monte sur scène, moment difficile, quatre pauvres marches c'est l'Himalaya pour moi, on récupère le prix et les billets pour New York. Saïd prend mon bras et le lève, on est des champions.

À la sortie, j'ai encore les yeux mouillés.

Papy Marcel approche :

– Je suis si fier de toi, mon Vladimir ! Si fier !

– Viens là, petit robot rouillé, me dit Maman en me prenant, là, contre son cœur.

Je serre des mains, je fais des bises, je remercie, je la cherche, je ne la vois pas.

On est dehors, je sais maintenant que Lou est partie. Intimidée ou en colère, je ne sais pas du tout.

On s'est tous assis sur les marches du ciné.

Ma mère prend des photos.

---

7 fâché, e furieux | 16 intersidéral, e interstellar | 23 rouillé, e verrostet | 27 intimidé, e eingeschüchtert

Monsieur Flachard a l'air content, il raconte qu'il savait depuis le premier jour que je ferais de belles choses. Ça me fait rire de repenser à ce premier jour, justement.

Ma tirade et ma chute. Et la rencontre avec Lou.

Quelqu'un m'apporte un verre de champagne, Maman me donne l'autorisation alors je bois tout, d'un coup.

Et là, de l'autre côté de la rue, adossée au mur : Lou.

– Vas-y, mec, me conseille Saïd.

Je me relève et j'avance vers elle.

Mon style à moi, les jambes qui claquent, démarche de reptile, mais j'y suis. Je suis face à elle.

– Merci Vlad, c'est trop beau ce que tu as fait.

– Je voulais que tu saches que…

– Ne dis rien. On parlera plus tard. On a tout le temps.

Elle s'est rapprochée. Elle m'encercle avec ses bras, je ne risque plus rien.

– Il me reste des tas de trucs à filmer, sur toi, je dis.

– Ah oui ?

– Oui, j'adore ta petite dent de travers, là.

– Moi, j'aime la mèche devant tes yeux.

– Faudra expliquer ça à ma mère alors ! J'aime ta façon d'entortiller tes cheveux.

– J'aime tes mains quand tu fais valser ta canne.

– J'aime ta bouche.

– Oui, ça, on a vu ! J'aime quand tu crois que tu vas tomber et que tu te rattrapes, accroché à ta canne. J'aime ton charme de ouf, tes boucles, tes yeux, tes blagues, tes genoux noués, ta façon de marcher, ta façon de penser, ta façon de m'aimer. Je t'aime toi, Vladimir Duchamp et je veux, oui, je veux, devenir ta petite vieille.

Lou est tout près de moi. Elle lève la tête et m'embrasse.

---

22 **entortiller** (herum)wickeln | 27 **noué, e** knorrig

Dans un film, les copains auraient tout entendu. Ils se seraient installés autour de nous et il y aurait eu des applaudissements et un envol de colombes.

Mais ça aurait fait un mauvais film.

Dans la vraie vie, on est que tous les deux, entre une agence immobilière et un kebab.

Des voitures passent et s'en fichent.

On n'a pas de public, on s'embrasse, accrochés l'un à l'autre.

En équilibre.

JUIN

FLACHARD

– Ah ça, François, on pourra dire que c'était une sacrée année scolaire !

Dans les couloirs, c'est le silence. Le brevet a eu lieu, le collège est quasiment vide. Flachard est dans le bureau de Gardel qui, dans son grand fauteuil de cuir, sourit un peu.

– Avouez qu'on s'en est bien tirés, continue le principal d'une voix mal assurée.

François Flachard ne répond pas tout de suite. Pour lui, les derniers mois de l'année scolaire ont été catastrophiques. Lui et Gardel ne s'entendaient plus. Très vite, il s'est avéré que le principal gardait une santé fragile : il avait du mal à se concentrer, oubliait ses rendez-vous, et se déchargeait de son travail sur Flachard – sans reconnaître les mérites de celui-ci.

Les choses se sont apaisées quand Gardel a annoncé qu'il ne reprendrait probablement pas son poste l'année prochaine. Ce n'est pas Flachard qui le remplacera – il n'a même pas passé le concours pour devenir principal.

On verra bien. D'ici là, Flachard s'est prévu trois semaines de vacances à la montagne. Au programme, randonnées, lecture et, bien entendu, visionnage en boucle de ses séries préférées.

Demain soir, il a invité quelqu'un au restaurant. Quelqu'une, plutôt. Pas Madame Lapiot, non.

Il a invité Irène, l'AVS de Vladimir Duchamp. Avec qui il discute souvent – en particulier de cinéma. Et de séries.

C'est elle qui lui a suggéré une idée bien particulière mais qu'il trouve de plus en plus intéressante.

– Monsieur le principal… je crois que j'ai oublié de vous dire quelque chose.

---

7 avouer zugeben | 7 s'en tirer *fam* es schaffen | 8 mal assuré, e hésitant, pas sûr | 11 s'avérer sich herausstellen | 13 se décharger du travail sur qn die Arbeit auf jdn abwälzen | 21 en boucle *f* sans pause

– Ah oui, François ? Et quoi donc ?

– J'ai monté un dossier de demande de subvention pour les élèves qui avaient participé au tournage du film de Vlad Duchamp. La réponse est arrivée ce matin : nous pourrons, l'année prochaine, les envoyer à New York avec Vladimir et Saïd. En voyage scolaire exceptionnel. Un projet artistique et culturel.

Il n'ajoute pas « Je les accompagnerai » – il se contente de savourer son triomphe face à la surprise du vieux principal.

« À moi l'Amérique », pense François Flachard, qui se sent pousser des ailes grâce à une bande de gamins pas comme les autres.

---

2 une subvention Zuschuss | 8 savourer *ici :* auskosten | 9 se sentir (pousser) des ailes *expr* sich beflügelt fühlen

Remerciements

– Hé dis, dis, Séverine, on ferait pas des remerciements, pour ce bouquin ? Je viens de le relire pour chercher les dernières petites erreurs avant qu'il parte à l'impression, et comme j'en suis tout content, j'aimerais bien qu'on fasse un truc genre super gros roman américain, où on cite tous les gens qui nous ont aidés à faire exister cette histoire…

– Ah mais trop bonne idée, mon gars. Alors, en tout premier, merci à toi d'avoir aimé Vlad et de lui avoir offert des compagnons de route drôles et déjantés.

– Oh ben de rien, tu penses, c'est un honneur. Merci à toi de m'avoir invité à. Et ça a commencé comment, cette histoire, ma grande ? Qui tu as envie de remercier ?

– Stéphane, pour avoir pris le temps, un soir d'une autre vie, de me parler de lui et de son adolescence. De cette soirée est né Vlad. Je pense à Peggy, à son regard sur le handicap, son regard vif, bienveillant, et aussi pour ses éclats de rire. Je remercie aussi l'équipe de *Je Bouquine,* magazine dans lequel a paru le roman initial, *Un cœur en équilibre*. Enfin, un hug pour Constance Joly-Girard, ma petite vieille, toujours.

– T'as mis deux fois « regard ». Je dis ça, je dis rien.

– Enfin, Manu, tu te doutes bien que c'est voulu. Au fait, tu finis pas toujours tes phrases. Je dis ça… Bien sûr, on remercie l'équipe de Bayard et Alice Aschero, éditrice hors pair, chez qui il est bon de se poser, pour son humour, son enthousiasme et sa confiance.

– Sans compter qu'elle est patiente au téléphone.

– C'est vrai ! J'ai envie aussi de remercier des personnes qui n'ont pas de rapport direct avec ce livre. Je peux ?

– Complètement, Séverine, vous êtes ici chez vous.

---

2 un remerciement → merci | 3 un bouquin *fam* un livre | 4 l'impression *f ici :* Druck | 10 déjanté, e *fam* abgefahren | 17 vif, vive *ici :* wach | 17 bienveillant, e wohlwollend

– Merci, m'sieur Causse. Alors, Arnaud Tiercelin et la jolie Julie pour l'accueil en Gironde, cœur grand ouvert, Rachel Corenblit pour l'amie prodigieuse, Clémentine Beauvais qui déplace les lignes, Anne-Gaëlle et Sandrine, les sœurs que j'ai choisies, Claude et Alison pour ce coin de paradis, tous ceux qui ont donné leur nom aux chemins de notre forêt, Marlène qui me suit vraiment, Guillaume l'ami retrouvé, Sandy et Gilles, les essentiels. Thélio, Ninon, Fantine et Jérôme, encore et toujours.

– Ah ben, ça en fait du monde. Moi, euh, attends… j'embrasse mes quatre monstres et leurs cousins, et puis tous mes copains en litté jeunesse, grâce à qui on se sent un peu moins.

– Cette phrase-là, tu ne la finis pas, donc ?

– Tout le monde a compris, c'est pas la peine de. Ah, et surtout, je pense à tous les gens qui vont faire que ce livre existe : les commerciaux de Bayard – tu sais ce qu'on leur a promis, hein ? – les libraires qui nous soutiennent, les documentalistes, les bibliothécaires, les festivals, les prix littéraires jeunesse, tous ceux qui œuvrent pour que nos petites histoires trouvent un grand public. Et côté musique, tu écoutais qui en écrivant, Séverine ?

– Ah oui, ce livre n'existerait tout simplement pas sans Dominique A., Étienne Daho, Agnès Obel, Nick Drake, Future Islands, Sundew, Sufjan Stevens et James Vincent McMorrow.

– Pffff, comment t'es forte en musique. Je vais écouter, tiens. Et puis faut aussi qu'on le remercie, lui. Ou elle.

– Qui ça ? J'ai pas compris.

– Ben, la lectrice. Le lecteur. Si il/elle est arrivé(e) jusque-là, il/elle mérite bien qu'on le/la remercie, non ?

– Voilà, on a fini. C'est les remerciements les plus longs de l'histoire des remerciements. On peut être fiers de ça.

---

9 **embrasser qn** jdn küssen | 16 **un libraire** Buchhändler | 18 **œuvrer** travailler

Liste des abréviations

≠	antonyme de
→	mot de la même famille
°	*h* aspiré (pas de liaison : *le/la* devant un substantif, *je* devant un verbe)
etw	etwas
expr	expression
f	féminin
fam	familier
fig	au sens figuré
fpl	féminin pluriel
jdm	jemandem
jdn	jemanden
m	masculin
mpl	masculin pluriel
qc	quelque chose
qn	quelqu'un
subj	subjonctif
vulg	vulgaire